からだを動かし、思いきり遊ぶことで、
# 子どもの未来は変わる!!

現代の子どもたちが抱える、体力低下や運動不足、心身の健康の問題において、保育園や幼稚園の果たす役割は、年々大きくなってきています。本書では、乳幼児期からできる動きや運動に親しむための様々なあそびを、保育の中で取り入れやすいように分類し、紹介しています。まずは、運動あそびがいかに子どもたちの未来を育むために大切な経験となるかをお伝えしましょう。

## 1 健やかに成長・発達する 「命を保ち、守るために必要な力」

幼児期は、脳・神経機能が発達し、運動機能の基礎ができます（P7グラフ）。小学生では動きの効率性が向上し、中学生の頃には持久力が磨かれていきます。反対に、この発達の時期を伸ばすと、それらの機能を伸ばすのは難しく、時間もかかります。

運動能力が高まるということは、単にスポーツが得意になるということだけではありません。からだをコントロールする力がつくと、無駄なエネルギーを使わずに効率的に動けるようになります。転んだときにとっさに手がつける、障害物を瞬時によける、といった大きなけがや事故を防ぐ安全能力も向上します。からだが鍛えられると、寒さや暑さに対する適応力、病気やストレスに対する抵抗力が高まります。つまり、運動能力を高めるということは、自分で自分を守る力を身につけるということなのです。

## 2 生活リズムを整える 「食べて、動いて、よく寝よう！」

夜遅くに寝て、登園時間ぎりぎりに起きる子は、朝ごはんがしっかり食べられず、朝の排便もありません。午前中から眠気やだるさを訴え、活動力が低下し、運動不足となります。やがて、自律神経の働きが乱れて体調不良や精神不安定を引き起こし、「注意・集中ができない」「イライラする」「じっとしていられない」といった症状が出てきます。

この悪循環を打破するために、夜、子どもに「寝なさい」と言っても、子どもは寝ません。それは寝られるからだになっていないからです。反対に、太陽の出ている時間帯に疲れるくらいまで運動あそびをすると、子どもは夜になると自然に眠ります。早く寝ると早く起きることができ、これまでの悪循環が一気に好循環に変わります。つまり、生活リズムに様々な問題を抱えていても、日中に運動あそびを取り入れることで、全面的な改善につながっていくのです。

## 3 情緒が安定する
## 「からだを動かすことは、心を動かすこと」

感情は、人とのコミュニケーションを通して発達します。そして、子どもにとってのコミュニケーションの中心となるのは「あそび」です。親や保育者、きょうだい、友だちと行うあそびによって、快・不快・愛情・喜び・怒り・恐れ・嫉妬などの感情を様々なシーンで経験します。なかでも、からだを動かすあそびは、言葉に頼らずにできるので、幼児期の情緒の形成に重要な役割を果たします。

同時に、運動あそびは情緒を安定させる手段にもなります。からだを動かすと、体温が上がります。すると、血液循環がよくなり、栄養素がしっかり運ばれ、脳にも酸素が行きわたります。このリフレッシュ効果が、子どもが日々感じている不安や怒り、恐れ、不満などの感情を解放させます。汗をかくくらい夢中になって遊ぶことで、子どもたちの心もからだも落ち着くのです。

## 4 考える力が育つ
## 「遊ぶことは学ぶこと」

子どもは、あそびを通して、自分自身とまわりの関係を知ります。特にからだを使うあそびは、物の性質や扱い方を学ぶだけでなく、あらゆる物をあそび道具として利用し、空想や想像の力も伸ばします。

物を見立て、あそびを工夫するとき、思考力が働きます。形や大きさ、色などを認識しながら、使い方や遊び方を自分なりに考え、ときに友だちや周囲の人と相談しながらあそびを発展させていきます。

そして、あそびの中で成功や失敗を積み重ねることは、自分で考えて工夫する力、粘り強く取り組む力、友だちと協力する力など、知性や社会性を育む大切な経験となります。これから子どもたちが生きていくうえで必要とするあらゆる力の基礎は、あそびの中で得ることが一番効率的で、自然なことなのです。

---

### 本書がおすすめする、運動あそびの取り入れ方

#### ★ 子どもの成長・発達診断を行う

現在の子どもの生活・運動の状況を把握するのに役立つ「子どもの成長・発達診断」を、巻末に掲載しました（P266）。園と家庭で改善点を共有するツールとしても活用できます。

#### ★ 午前中だけでなく、午後にも運動あそびを行う

体温は夕方15〜17時頃にもっとも高くなります。からだが一番動きやすく、運動効率のよい時間帯です。ここで運動をすると心地よい疲労感を得て、寝つきがよくなります。午前中の疲れは、昼食やお昼寝で回復しているので、午後に外あそびを入れることは、幼児の生活に大きなメリットがあります。

#### ★ 生活の中での経験が少ない運動を

園での運動あそびは、生活の中であまり経験できない動きを取り入れましょう。逆さ感覚や回転感覚を育むあそび、反射能力やバランスを鍛える空間認知能力を育てるあそびを積極的に行いましょう。

# 0・1・2歳の発達

運動あそびは、発達段階に合ったものでなければ、子どもは「楽しい」と感じることができません。まずは、0・1・2歳の成長と発達の基本をおさらいしておきましょう。

## からだの発達

**年齢が小さいほど、頭の割合が大きく、からだは小さい**

　出生時の平均身長は約50cm、体重は約3kgです。1歳頃になると、身長は約1.5倍、体重は約3倍になります。

　運動発達は、2歳頃までに、這う、座る、立つ、歩くといった初歩的な運動機能が身につきます。ただし、右の図のように、幼児は頭が大きく、からだの重心が高い位置にあります。不安定なので、転倒や転落しやすい時期でもあります。

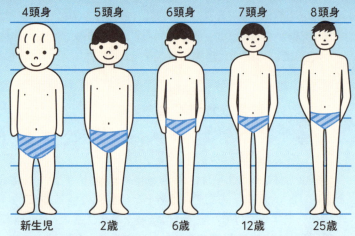

新生児は4頭身、2歳で5頭身、6歳で6頭身、12歳で7頭身、成人でほぼ8頭身になります。
（※身体各部の均衡図（Stratz）を参考に作成）

| 寝返り | 1人で座る | ハイハイをする | 立つ、歩く |
|---|---|---|---|
| からだをねじる動きができる。上手になると、転がりながら移動ができるようになる。 | 背筋をのばして、安定して座れるようになる。座りながら両手で物を持てるようになる。 | 四つ這いになり、移動ができる。興味のあるものに近づくことができ、移動範囲が広がる。 | 1人で立てるようになる。歩きはじめは、両手を上げながらバランスをとってゆっくり歩く。 |

**発達**

**0歳** ─ 6か月 ─ 7か月 ─ 8か月 ─ **1歳**

**運動あそび**

- 6か月：寝転んでするあそび ➡ P28
- 7か月：バランス飛行機 ➡ P36／バランスあそび（0・1・2歳）➡ P38
- 8か月：ハイハイ ➡ P40
- 1歳：立つあそび ➡ P44

## こころの発達

### 言葉を獲得し、自我が目覚めはじめる

乳児の頃は、大人の言葉や表情を感じ取りながら、快・不快・興奮・怒り・愛情などの感情の幅を広げ、1歳を過ぎると言葉をしゃべるようになります。周囲の人への関心や興味が高まり、まねをしたり、同じものを使いたがったりしますが、まだ友だちといっしょに遊ぶことはできません。

自己主張が強くなり、思った通りにできないことへの葛藤を体験する第一次反抗期もこの時期です。

また、イメージする力がつくことで、見立てあそびやごっこあそびを発展させます。

### 発達には順序があります

人間の発達は、個人によって若干の差があるものの、例えば、おすわりができないのに立てる子がいないように、その過程は一定の順序があり、逆行したり、とび越したりすることはありません。また、この順序には、いくつかの方向性があります。

**頭部から、からだの下のほうへ**
(例:首すわり⇨おすわり⇨立つ)

**中心部分から末端部分へ**
(例:腕を動かす⇨物をつかむ⇨指先でつまむ)

**粗大運動から微細運動へ**
(例:歩く、跳ぶといった大きな筋肉を使う運動⇨字を書く、ボタンをかけるといった細かい運動)

子どもは、これらの身体の発達によって、視野が広がり、行動範囲を広げます。からだを動かす機会が増えることで、脳神経や筋肉、骨格の発達を促進し、興味や好奇心が生まれ、知性が育まれます。

---

| 安定して歩けるようになる | 上下の運動をする | 転ばずに歩く、走る | 両足でジャンプができる |
|---|---|---|---|
| はやい歩行ができるようになる。徐々に小走りができるようになる。 | 段差や階段をよじ登ろうとしたり、段差から跳び降りたりする。 | 障害物をまたいで歩いたり、走ったりすることができる。 | その場で跳んだり、前後に移動しながら跳んだりすることができる。 |
|  |  |  |  |
| 1歳6か月 | 2歳 | | 3歳 |
| 歩くあそび ➡ P48 | 跳ぶあそび ➡ P60 | 歩くバランスあそび ➡ P64<br>這う・歩くあそび ➡ P86<br>走るあそび ➡ P96 | ジャンプするあそび ➡ P90 |

# 3・4・5歳の発達

心身の発達とともに、経験を重ねると、複雑な動きや、ルールのあるあそびができるようになります。5～6歳になると、集団の中で自分の役割を意識しながら遊べるようになります。

## からだの発達

### 基本的なからだの動きをコントロールする力を高める時期

身長は4～5歳で出生児の約2倍に、体重は3歳で出生児の約4倍、4歳で5倍、5歳で6倍と変化します。

運動発達は、走る、跳ぶ、投げる、ぶら下がってからだを支える等の基礎的な運動能力が備わり、小学校に入学する頃には日常的な運動のほとんどが身につきます。3歳頃は、走る、跳ぶといった大きな筋肉を使う全身運動が多いですが、4～5歳になると指先の運動も器用にできるようになります。

この時期の特徴は、次のページのグラフにあるように、神経系が飛躍的に発達することです。感覚・神経系の機能は、協応性・敏捷性・平衡性・巧緻性などのからだをコントロールする「調整力」を司ります（各用語の解説はP17）。例えば、跳ぶ距離は、6歳児になると3歳児の約2倍の距離を跳べるようになります。これは、足の筋力と腕の振りの協応動作の発達によるものと言えます。

また、4歳頃からは筋肉や骨格、そして、運動を続けようとする意志などが育まれていくことで、筋力や持久力も鍛えられていきます。

## 発達

**三輪車に乗れるようになる**
目と手と足を同時に動かすこと（協応性）ができるようになる。

**ボール投げができる**
からだをコントロールする調整力が向上する。

**見立てあそび、ごっこあそびができるようになる**
模倣したり、イメージを広げたりしながら、あそびを展開できる。

**ぶら下がる力が強くなる**
筋力がつき、懸垂力と持久力が高まる。

### 3歳 / 4歳

## 運動あそび

- なわとび ➡ P112
- 長なわ ➡ P116
- ボールを持つあそび ➡ P162
- ボールを投げるあそび ➡ P170
- 廃材を使うあそび ➡ P184
- ジャングルジム ➡ P138
- 砂場あそび ➡ P226
- 鉄棒 ➡ P194
- のぼり棒 ➡ P202
- クライミング ➡ P204
- うんてい ➡ P206

## こころの発達

### 友だちと関わりながら仲良く遊べるようになる

　自分と他人が区別できるようになり、自我が発達していきます。3歳では、まだおもちゃの取り合いもみられますが、徐々に順番を守ること、勝ち負け、あそびのルール等を理解するようになります。

　5〜6歳になると、自分の気持ちを説明したり、相手を認めたりしながら、友だちと楽しく遊べるようになります。もっとはやく走りたい、たくさん跳べるようになりたい、といった意欲や向上心ももてるようになるので、あそびから一歩進んで体育的な運動を加えることが可能になり、競争や遊戯などを通して運動機能を発達させることが望ましいでしょう。

### 6歳までのあそびが大切な理由

　運動機能は、脳神経の支配下にあります。下の図にあるように、神経機能の発育は、生後6年間で成人の約90%近くにも達します。この時期に多様な刺激を受けることで、神経伝達のための回路は太く、強くなります。例えば、一旦、自転車に乗れるようになると、時間があいてもスムーズに乗れるように、その回路は一度できると消えにくく、その機能を使う傾向も強まります。

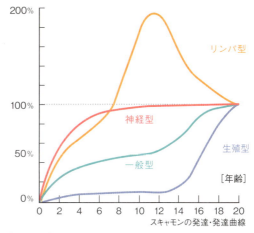

スキャモンの発達・発達曲線

- 【一 般 型】身長や体重の変化、心臓、血管、骨、筋肉などの臓器
- 【神 経 型】脳、脊髄などの神経に関わる器官
- 【生 殖 型】睾丸、卵巣などの生殖に関わる器官
- 【リンパ型】リンパ節、扁桃などの免疫系に関わる器官

---

**ルールを守ろうとする**
勝ち負けがわかり、簡単なルールも理解できるようになる。

**転がってきたボールを蹴ることができる**
目と手と足の協応性がより高まる。

**とび箱を跳ぶ、うんていを渡る、なわとびができる**
からだ全体を使った複雑な動きができる。

**友だちと相談しながら遊ぶことができる**
相手の気持ちを想像でき、自分の役割を意識するようになる。

## 5歳
- 1人おに ➡ P100
- ためおに ➡ P104
- 増やしおに ➡ P106
- ボールを転がすあそび ➡ P166
- なわとび ➡ P112
- マットで転がるあそび ➡ P120
- とび箱 ➡ P128

## 6歳
- 助けおに ➡ P108
- ドッジボール ➡ P174
- 公園あそび ➡ P230

# 子どもの運動能力を伸ばす
# 4つの運動スキル

本書では走る、バランスをとって立つ・渡る、ボールを投げる、ぶら下がるといった運動に関わる技術を「運動スキル」と呼んでいます。運動スキルは、大きくわけるとここに紹介する4つに分類できます。

## 1 移動する運動
[ 移動系運動スキル ] ➡ P85〜

這う、歩く、走る、跳ぶ、くぐる、すべる等、からだを移動させる運動スキルです。瞬発力やスピード感覚が育まれ、自分のからだとものとの距離をつかむ空間認知能力や、全身の筋力を高めることができます。

**ここが育つ**
- 筋力  ・瞬発力  ・敏捷性
- スピード  ・空間認知能力 等

【主なあそび】

- 這う・歩くあそび ➡P86
- ジャンプするあそび ➡P90
- 走るあそび ➡P96
- おにごっこ ➡P100
- なわとび ➡P112
- マット ➡P120
- とび箱 ➡P128
- すべり台 ➡P134
- ジャングルジム ➡P138

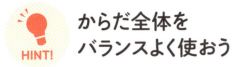

## からだ全体をバランスよく使おう

幼児期は、運動能力の土台を築く大切な時期です。本来であれば、自由なあそびの中で様々な能力を身につけるのが一番よいのですが、現在は、環境やあそびの変化にともない、ただ遊ぶだけでは十分な経験を得ることができなくなってきました。

そこで、不足しがちな運動を補うために、保育者の工夫や試みが必要となります。この4つの運動スキルの考え方を知って、偏りなく運動経験を得られるようにしましょう。

## ❷ バランスをとる運動
[ 平衡系運動スキル ] ➡ P145〜

片足で立つ、高い所に立つ、平均台に乗って落ちないように渡る等、姿勢を維持する運動スキルです。不安定な場所でもバランスをとろうとすることで、平衡感覚が養われます。

**ここが育つ** ・筋力 ・バランス ・巧緻性 ・敏捷性 ・身体認識力 等

### 【主なあそび】

- バランスあそび ➡ P146
- 平均台に乗るあそび ➡ P152
- 平均台を渡るあそび ➡ P156

## HINT! 運動スキルを活用するヒント

**運動スキルを組み合わせる**

歩くだけであれば移動系のあそびですが、ボールをつきながら歩く場合は、移動系と操作系を組み合せたあそびになるように、スキルを組み合わせることで、より複雑なあそびになり、育まれる能力も広がります。また、この考え方を知っていると、成長・発達段階に合わせたあそびを考えることができます（くわしくはP214）。

**平衡系と非移動系を意識して取り入れる**

4つの運動スキルの中でも、移動系と操作系は多くのあそびに含まれているので自然に経験が多くなります。そこで、保育の中では平衡系と非移動系の動きを入れることを前提に、あそびを考えるようにしてみましょう。サーキットあそび（P220）やコーナーあそび（P210）に取り入れると、無理なく楽しめます。

## ③ 操作する運動
[ 操作系運動スキル ] ➡ P161〜

つかむ、離す、投げる、受ける、打つ、転がす、蹴る等、道具や用具に働きかけたり、動かしたりする運動スキルです。ものを操って遊ぶことで、目と手と足を同時に動かす協応性や巧緻性が培われます。

 ここが育つ
・筋力 ・協応性 ・巧緻性
・リズム ・身体認識力 等

【主なあそび】

| なわとび ➡P112 | ボールを持つあそび ➡P162 |
| ボールを転がすあそび ➡P166 | ボールを投げるあそび ➡P170 |
| ドッジボール ➡P174 | フラフープ ➡P178 |
| 廃材を使うあそび ➡P184 | |

### 運動内容のバランスを考慮する

子どもが偏りなく運動を経験できているかを把握するために、4つの運動スキルを活用しましょう。外あそびで子どもがおにごっこをしたがるときは、室内あそびでその他のスキルを使うあそびを行う等、取り組んだあそびをスキル別に把握しておくだけでも、日々のあそびのバランスを考える手がかりになります。

### 生活に運動スキルを高める動きを入れる

運動スキルは、必ずしも運動あそびの時間だけに高められるものではありません。乳幼児は生活の中で様々な動きを習得する時期でもあるので、園内で移動するときに障害物をよけていく、お昼寝から起きたら布団を運ぶといったように、日々の生活で運動スキルが育まれる動きを意識的に取り入れてみましょう。

## ❹ その場でする運動
[ 非移動系運動スキル ] ➡ P193〜

移動することなく、その場でものにぶら下がったり、押したり引いたり、支えたりする運動スキルです。筋力や持久力が高められ、精神的な強さも身につきます。

**ここが育つ**　・筋力　・持久力　・巧緻性　・柔軟性　・身体認識力　等

【主なあそび】

- 鉄棒 ➡ P194
- のぼり棒 ➡ P202
- クライミング ➡ P204
- うんてい ➡ P206

# あそびと屋内の環境

思いっきりからだを動かして運動あそびを楽しむためには、遊ぶ環境が安全であることが重要です。ちょっとした配慮で、事故やけがを予防できるだけでなく、活動がスムーズに行えるようになるので、活動の前に必ず確認しておきましょう。

**非常口や避難経路の近くには物を置かない**

災害や緊急事態に備え、必ず避難経路を確保してから遊びましょう。ドアは、外に向けた押し戸になっていると、逃げやすくなります。

**はだしになるときは靴をすぐに履けるように**

災害や緊急事態でも、すぐに靴を履けるように、活動場所のそばに置きましょう。靴箱がないときは、壁にそって1列に並べるようにしましょう。

**遊具は動線を考えて配置する**

遊具と遊具の距離や間隔は、広めに取ります。子どもたちがぶつからず、次の課題にスムーズに移ることができるように並べましょう。

**高さがある遊具の下にはマットを敷く**

とび箱、平均台、鉄棒など、転落の危険がある遊具の下には、必ずマットを敷いて活動しましょう。

**活動するときは、横長のスペースを意識する**

活動スペースに奥行がありすぎると、保育者の目や声が届きにくくなります。活動や集合では、一目で見渡わたせるよう、横長に並ぶようにさせましょう。

### ガラス窓のある部屋で
### ボールあそびはしない

風船あそびも含めて、ボールあそびをする際はスペースを確保し、周囲の環境に特に配慮しましょう。

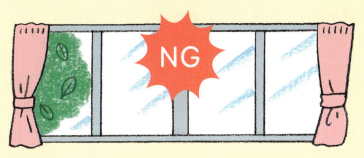

### 倉庫や出入口などのドアは
### 開けっ放しにしない

子どもが入り込んで見えなくなるような場所、死角はつくらないようにします。

### 子どもの視界に窓が
### 入らない方向で話をする

窓の外が見えると、子どもは気をとられてしまいます。活動の導入や、集まって話をするときは、子どもが集中できる環境を心がけましょう。

### 突き出している
### ものを置かない

活動する室内に、造形製作などで使う竹ひご等、先のとがったものがないようにしましょう。運動で使う棒がある場合は、立てかけずに床にまとめて置きます。

### 屋内でははだし
### もしくは上ばきで遊ぶ

靴下で遊ぶと、すべって危険です。はだしになるか、上ばきを履くようにしましょう。

### 物は1か所に集める

床にバラバラに物が置いてあると、活動スペースが狭くなり、つまずいて転ぶ危険が高まります。

### 環境に合わせて
### あそびを工夫しよう

大きなホールや遊戯室がない場合でも、からだだけを使うあそびや、イスや台を利用することで、幅広い運動経験が可能です。ハイハイをたくさんする、段差を登る、ジャンプする、バランスをとりながら歩く等、日々の積み重ねが数年で大きな差になります。

# あそびと園庭・公園の環境

園庭や公園では、固定遊具や草木などにより死角が増えるので、遊ぶときは必ず複数の保育者が立ち会い、安全に遊べるよう見守ります。
降園時に保護者と子どもが遊ぶ際にも、ルールを知らせておくとよいでしょう。

### 園庭の砂場は、日光消毒をする

遊ぶ前にゴミやけがの原因になるものが入っていないかチェックし、定期的に掘り返して日光消毒をします。

### 遊具が濡れていないか、壊れていないかをチェックする

濡れていると、すべったり転落したりする原因になります。拭いてから遊ぶようにしましょう。また、遊具が壊れていないかも、遊ぶ前にチェックしましょう。

### こまめに休憩を取る

特に暑い時期はこまめに休憩の時間をとり、水分補給をするようにします。気温の高い時間帯の外の活動は避け、午前や夕方の時間を利用して外あそびがたくさんできるようにしましょう。

### 保育者は見通しのよい場所に立つ

あそびを見守る際、保育者の1人は全体を見渡せる場所にいるようにしましょう。子どもたちにも、保育者がいる場所を伝えておくようにします。

### 公道のそばでボールあそびはしない

ボールが飛んだときに公道に出てしまいそうな距離でボールを使ったあそびは行わないようにします。

### 道具を片づける
### ルールを決める

遊ぶときに使う道具は、片づける場所を子どもに伝え、遊んだ後は必ず片づけるようにします。

### しげみにクモの巣などがないかをその場でチェック

事前に下見をしていたとしても、数時間でクモの巣がはってしまい、その奥に入った子どもを見逃す場合もあります。遊ぶときにも、チェックが必要です。

### 花だんには入らない、植えてある草木は大切にする

草木もあそび道具のひとつになりますが、特に花だんの中や植木など、入ってはいけないところ、取ってはいけない草木は、事前に子どもたちに伝えておきまましょう。

**子どもと約束すること**
・鞄を身につけたまま、遊具で遊ばない
・遊具の上から物を投げない
・遊具の上から跳び降りない
・遊具にひもを巻きつけて遊ばない
・保育者が見えるところで遊ぶ

### 太陽の方向に子どもの顔を向かせない

集合した際に、子どもの顔が太陽の方向に向いていると、まぶしくて話に集中できません。太陽の向きと逆（北向き）になるように並ばせましょう。

### 人数のチェックはグループごとに

普段の活動のグループごとに互いがいるかを確認させると、すばやく人数を確認できます。

## 外あそびは子どものごほうび

子どもは外で遊ぶことが大好きです。0・1・2歳の頃から、たくさん外で遊んでいると、着替えや靴の着脱がとても上手になり、外へ出る準備がとてもスムーズにできるようになります。すると、ちょっとしたあき時間でも外で遊べるようになります。ぜひ小さい頃から外でたくさん遊びましょう。

# あそびと服装

活動中、洋服が遊具にひっかかり、けがや事故につながるケースもあります。
保育者・子どもともに動きを妨げず、安全に遊べる服装が大切です。

## 保育者

**前開きの服はしめて、Tシャツはズボンの中に入れる**
ファスナーを閉めていないとけがをするおそれがあります。また、シャツをズボンの中に入れていないと、服がはだけたり、動きを妨げたりします。

**長い髪は結ぶ**
結んでいないと視界が狭まったり、ひっかかったりするおそれがあります。

**腕時計を外す**
子どもの顔の高さに位置すると、子どもにけがをさせるおそれがあります。また、手首が固定されることによって、保育者自身がけがをしやすくなります。

**ポケットに物を入れない**
ペンや小物類、携帯電話のように固い物が入っていると、ぶつかったときに子どもにけがをさせるおそれがあります。

**アクセサリーは外す**
ぶつかったときに、自分や相手を傷つけたり、気づかずに外れたときに子どもが誤飲するおそれがあります。

**サンダルやぞうり類は履かない**
露出部分が多く、踏ん張りがききません。足の打撲、捻挫や、爪がはがれる等のけがをするおそれがあります。

**タオルや脱いだ上着を頭・首・腰に巻かない**
ひっかかったり、首を絞めたり、視界を妨げたりするおそれがあります。

## 子ども

**上着で温度管理をする**
上着はなるべく動きを妨げない薄いもののほうがよいでしょう。冬場でも、遊びはじめると体温が上がって汗をかくので、あまり厚着をさせず、臨機応変に脱げるようにしましょう。

**帽子をかぶる**
熱中症・紫外線対策として、外に出るときは帽子をかぶることを習慣にしましょう。

**ひもやフードがついた服は着ない**
遊具にひっかかることがあり、危険です。

**上着の前をしめる**
ファスナーやボタンは必ずしめて遊びます。

**靴はしっかり履く**
遊んでいる最中に靴が脱げないように、かかとを合わせてしっかりテープを止めましょう。

**鞄やマフラー、手袋は外してから遊ぶ**
降園時や冬場に注意を呼びかけましょう。

# この本で育つ力

## 🌱ここが育つ で示す「からだを働かせる力」と「知覚」について

運動で育まれる力は、大きく捉えると「体力」と言われるものですが、その中には様々な機能が含まれています。本書では、運動・あそびごとに育つ能力を下記の用語で紹介しています。この中でも、特に幼児期は、平衡性（バランス）や協応性、敏捷性などの「調整力」と呼ばれるからだをコントロールする力が発達します。そして、この時期に多様な動きの体験をし、バランスよく基本的な運動スキルを身につけるためにも、どんな能力が育つのかを意識しながら運動あそびに取り組みましょう。

### からだを働かせる力（基礎的な体力）

**【筋力】**
筋肉が伸び縮みすることによって生じる力を指します。運動を起こす原動力でもあります。

**【瞬発力】**
瞬間的に大きな力を出して、運動を起こす能力を指します。代表的な例としては、高く（遠く）に跳んだり、物を投げたりする能力です。

**【持久力】**
鉄棒にぶら下がることのように、筋肉に負荷がかかった状態で、どれくらい長くいられるかという「筋持久力」と、長距離走のように全身の運動を長時間行う際の「呼吸・循環（心肺）機能の持久力」に大きく分けられます。

### 調整力（からだをコントロールする力）

**【協応性】**
手と目、手と足など、からだの2つ以上の場所を同時に動かして1つの運動にする能力を指します。複雑な運動に取り組む際に必要な能力で、ボールやなわとび等の、道具を操作するあそびはその代表例です。

**【バランス】**
平衡性とも呼びます。からだの姿勢を保つ能力です。止まっている状態だけでなく、歩く、跳ぶといった移動する運動の中での姿勢の安定性も含みます。また、手のひらに棒を立てて、そのバランスを保つのもこの能力のひとつです。

**【敏捷性】**
からだをすばやく動かして方向を変えたり、刺激に対してすばやく反応したりする能力です。おにごっこやドッジボール等、状況に応じてすぐにからだを動かすあそびで必要な能力です。

**【巧緻性】**
目的に合わせて、からだを正確に、スムーズに動かす能力です。器用さ、巧みさを指します。例えば、ボールをコントロールして投げる、受ける、砂場でイメージ通りのものをつくる等で必要な能力です。

**【スピード】**
物が進むはやさを指します。すべり台からすべり降りる、リレーではやさを競うあそび等で体験できます。

**【柔軟性】**
からだの柔らかさを指します。からだをいろいろな方向に曲げたり、伸ばしたりできると、運動はスムーズに、美しく行うことができます。マットを使うあそびは、その影響がわかりやすいでしょう。

**【リズム】**
音や拍子、または連続的な運動でみられる一定の調子のことで、運動の協応や効率に関係しています。なわとびを美しく連続して跳ぶ、うんていを渡る等、様々な運動で必要な力です。

### 知覚
（外界の対象を意識し、見わける認識作用）

**【身体認識力】**
自分の手や足、頭、背中など、からだの把握と、その動きを理解・認識する力です。幼児にとって、自分というものを的確に捉えて知ることは、考える力を発達させることにもなります。

**【空間認知能力】**
自分のからだと、自分をとりまく空間の形状、距離や間隔、奥行き、動き等を把握する能力です。これらをすばやく、正確に認識することで、自分のからだの位置関係の理解・判断もすばやく行うことができ、イメージする力にも大きな役割を果たします。

### 4つの運動スキル
（P8～11参照）

| | |
|---|---|
| 移動系運動スキル | 平衡系運動スキル |
| 操作系運動スキル | 非移動系運動スキル |

# 本書の使い方

## 基本のあそび

紹介する「動き」を楽しく体験するために、最初に取り組みやすいものを「基本のあそび」としています。保育者があそびをつくったり、発展させたりする軸となるあそびです。

**スキルと動き**
そのページで紹介するスキル（あそび）と、動きを示しています。

**発展と紹介ページ**
発展のあそびと、紹介するページ数を示します。

**保育園・幼稚園・体育指導の先生より**
保育園、幼稚園、体育指導に関わる現場の先生による体験談を紹介しています。P80、P224もご覧ください。

**Q&A**
子どもがつまずきやすいポイントでの対応法を詳しく解説しています。

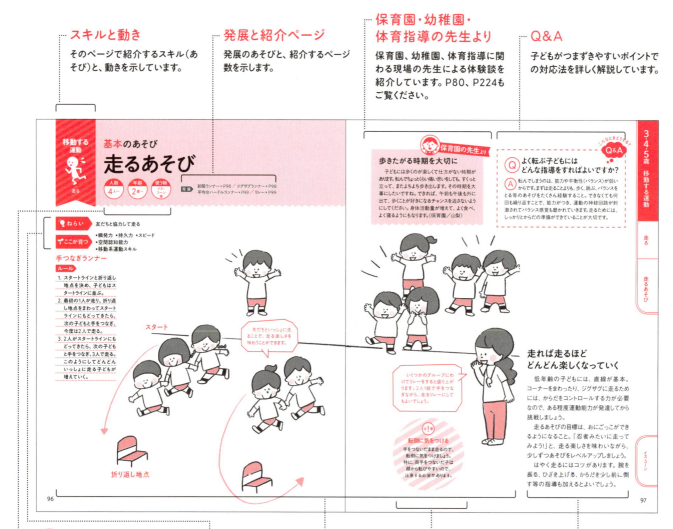

 **人数** 1人〜
あそびを行える最低限の子どもの数です。

 **年齢** 2歳〜
あそびを行える最低限の子どもの年齢です。発達段階を経ていれば、経験次第で1、2歳が3・4・5歳のあそび（P81〜）も行うことができます。

**環境** 斜面
あそびに必要な環境を示します。

 **使う物** イス
あそびで使用する用具、遊具を示します。

**あそびとルール**
あそびと、そのルールを示しています。主な動きや必要な用具、スタートやゴールといった環境設定などをイラストでわかりやすく紹介しています。

**注意**
けがや事故を防ぐために、特に注意したいことや心がけたいことを具体的に紹介しています。

**コラム**
そのページで紹介するあそびや動きから子どもが学ぶこと、保育者に知っておいてほしいこと、あそびのコツ等、様々な視点で前橋先生のメッセージを紹介しています。

**ねらい** あそびを楽しむための具体的な動作や行為を紹介しています。

 **ここが育つ** P17をご覧ください。

本書では、あそびを運動スキル別（P8〜11）に分け、さらに「基本」→「発展」の流れで紹介しています。基本のあそびを十分に楽しめるようになると、その動きを使って様々なあそびに展開できます。この考え方を知ることで、あなた自身が本書で紹介する以上のあそびをどんどんつくり出せるようになります。

# 発展のあそび

「基本のあそび」の動きを複雑にしたり、スキルを組み合わせたり、集団でできるあそびにしたものです。運動スキルや、用具・遊具の組み合わせ方について、知ることができます。

**あそび一覧**
「基本のあそび」とそのページで紹介する「発展のあそび」の一覧です。

**あそびを楽しむコツ**
あそびをより楽しむコツ、補足の説明などを紹介しています。

**保育者のポイント**
あそびで保育者が心がけたいことや、サポートするコツ等を紹介しています。

**補足**
補足の説明、関連あそび等を紹介しています。

**発展ポイント**
基本あそびをどのように発展させるのかを具体的に紹介しています。

**アレンジあそび**
ルールや使う物を一部変えることで、異なった楽しみ方ができるあそびを紹介しています。道具別索引（P268）から検索することができます。

**インデックス**
そのページで紹介するあそびで使用する物を一覧で示します。使う道具ごとにあそびを調べたい場合は、道具別索引（P268）が便利です。

※ページ見本は実際のページとは異なります。

# もくじ

からだを動かし、思いきり遊ぶことで、
子どもの未来は変わる!! ……… 2
0・1・2歳の発達 ……… 4
3・4・5歳の発達 ……… 6
子どもの運動能力を伸ばす
4つの運動スキル ……… 8

あそびと屋内の環境 ……… 12
あそびと園庭・公園の環境 ……… 14
あそびと服装 ……… 16
この本で育つ力 ……… 17
本書の使い方 ……… 18

## 0・1・2歳のあそび ……… 25

### 抱き上げるあそび
- 基本 ゆらゆら抱っこ ア ……… 26
- 発展 たかいたかーい ア／スーパーマン ……… 27

### 寝転んでするあそび
- 基本 寝返りくるりん ……… 28
- 発展 寝返り／引っ張りあそび ア ……… 29
- 足支え起き上がり ア ……… 30
- 飛行機ブーン／両足キック ……… 31

### 腕で支えるあそび
- 基本 腕つっぱり ……… 32
- 発展 手押し車／腕立て歩き ……… 33

### からだを曲げるあそび
- 基本 おすわりシーソー ……… 34
- 発展 ボートあそび／下からバァ! ……… 35

### バランス飛行機 基本 ……… 36
- 発展 空中バランス／飛行機 ……… 37

### バランスあそび（0・1・2歳）
- 基本 タオルでビュー ……… 38
- 発展 バランスくずし ア／片足立ち ……… 39

### ハイハイ
- 基本 ハイハイレース ……… 40
- 発展 ハイハイ山のぼり／むかで歩き ア ……… 41

### くぐるあそび
- 基本 トンネルくぐり ……… 42
- 発展 両足くぐり／くぐってジャンプ ……… 43

### 立つあそび
- 基本 ひざ立っち ……… 44
- 発展 支えて立っち／しゃがんで立っち ア ……… 45
- ぐらぐらバランス／立って座って ……… 46
- ひざのり ア ア ……… 47

### 歩くあそび
- 基本 ここまでおいで ……… 48
- 発展 レッツダンス／歩いてぴょーん ……… 49
- でこぼこ歩き／汽車ぽっぽ ……… 50
- ゴー＆ストップ ……… 51

### ぶら下がるあそび
- 基本 お空へビューン ……… 52
- 発展 宙ぶらりん／メリーゴーラウンド ……… 53

### 自分でぶら下がるあそび
- 基本 棒ぶら下がり ……… 54
- 発展 ぶら下がりブランコ／ロボット ……… 55
- ぶら下がりエレベーター／首ぶら下がり ……… 56
- 地球まわり／おサルさん抱っこ ア ……… 57

### 逆さになるあそび
- 基本 逆立ちぶら下がり ……… 58
- 発展 逆さまメリーゴーラウンド／逆さロボット ……… 59

### 跳ぶあそび
- 基本 ピョンピョンあそび ア ……… 60
- 発展 支えて足とび／足とび ……… 61
- 足とびまわり／馬とび ……… 62
- 新聞ハードルとび ア／グー・パーとび ……… 63

### 歩くバランスあそび
- 基本 バランス歩き ……… 64
- 発展 ペンギン歩き／ロボット歩き ……… 65

### 転がるあそび
- 基本 やきいもゴロゴロ ……………… 66
- 発展 転がれ！ダンゴムシ／ローラー競争 ……… 67
- でんぐり返し ㋐ ……………… 68
- ひざの上で前まわり ㋐／からだで逆あがり ……… 69

### 押したり引いたりするあそび
- 基本 力だめし ……………… 70
- 発展 丸太転がし／ボートこぎ ……… 71

### ふれあいゲーム
- 基本 パチパチ・トントンあそび ……… 72

### 発展 おしりたたきゲーム ㋐ ……… 73
- ジャンケン足踏み ㋐ ……………… 74
- しゃがみずもう ㋐ ……………… 75

### 風船あそび
- 基本 風船運び ……………… 76
- 発展 風船転がし／風船かご入れ ……… 77
- ジャンプ＆タッチ／座って風船キャッチ ……… 78
- 風船つき／風船浮かし ……… 79

コラム 「子どもを思いきり遊ばせるために保護者としっかりつながろう」 ……… 80

# 3・4・5歳のあそび ……… 81

運動をする前に ……… 82

## 移動する運動（移動系運動スキル） 85

### 這う・歩くあそび
- 基本 イヌ歩き／ゾウ歩き／クマ歩き／カニ歩き／忍者歩き ㋐㋐ ……… 86
- 発展 そろそろ歩き ㋐／新聞紙くぐり ㋐ ……… 88
- ゴムひもくぐり／動物になってボール運び ……… 89

### ジャンプするあそび
- 基本 ロケットジャンプ／その場でジャンプ／両足踏み切りジャンプ／片足ジャンプ／向き変えジャンプ／スキップ ㋐㋐ ……… 90
- 発展 空中ジャンケン ……… 92
- 前とび競争 ㋐／回転ジャンプ ㋐ ……… 93
- 新聞ジャンプ／ウサギとオオカミ ……… 94
- 新聞島渡り／ケンケン競争 ……… 95

### 走るあそび
- 基本 手つなぎランナー ㋐ ……… 96
- 発展 新聞ランナー／ジグザグランナー ……… 98
- 平均台ハードルランナー／リレー ……… 99

### 1人おに
- 基本 波おに ……………… 100
- 発展 影踏みおに／色おに ……… 102
- ヒヨコとネコ／ハンカチ落とし ……… 103

### ためおに 基本 ……… 104
- 発展 チームためおに／魚とり ㋐ ……… 105

### 増やしおに
- 基本 手つなぎおに ㋐ ……… 106
- 発展 ひっぱりおに ……… 107

### 助けおに
- 基本 こおりおに ㋐㋐㋐ ……… 108
- 発展 缶けり／だるまさんがころんだ ……… 110
- ケイドロ ……………… 111

### なわとび
- 基本 地面に置いたなわを跳ぶ ㋐／片手でなわをまわす ㋐ ……… 112
- 発展 なわまたぎ／前とび ㋐ ……… 114
- 後ろとび／前交差とび ㋐ ……… 115

### 長なわ
- 基本 ヘビさんジャンプ（横波／縦波）／タコの足切り ……… 116
- 発展 大波小波／お嬢さんお入りなさい ……… 118
- 大なわくぐり／大なわとび ……… 119

### マットで転がるあそび
- 基本 横まわり／ひざかかえ横まわり／転がしごっこ

※㋐マークのあるあそびは、アレンジあそびも紹介しています。

| 基本 手つなぎまわり ……………………………… 120
| 発展 クマ歩き／前転 ……………………………… 122
　　　　後転 ……………………………………………… 124
　　　　川とび／壁倒立／側転 ……………………… 126

### とび箱
| 基本 とび箱登り降り／とび箱ジャンプ ………… 128
| 発展 とび箱またぎ越し／足かけとび箱まわり … 130
　　　　またぎ乗り／ひざ乗り／足乗り …………… 131
　　　　カエル跳び越し／開脚とび ………………… 132

### すべり台
| 基本 足のばしすべり ㋐ ㋐ ……………………… 134
| 発展 あお向けすべり／うつ伏せすべり ………… 136
　　　　四つ這い逆のぼり／立ち逆のぼり ………… 137

### ジャングルジム
| 基本 つたい歩き／登り降り／くぐり抜け／ぶら下がり …… 138
| 発展 電車が通ります！／
　　　　めざせ！スパイダーマン …………………… 140
　　　　立体迷路／おうちごっこ …………………… 141
　　　　登山をしよう！／
　　　　だるまさんがころんだ（ジャングルジム） … 142
　　　　おにごっこ／高おに ………………………… 143
| コラム 「遊べば遊ぶほど、心も豊かに成長する」 … 144

## バランスをとる運動（平衡系運動スキル） …… 145

### バランスあそび
| 基本 片足ポーズ／フラミンゴ競争／2人でポーズ／
　　　　片手バランス／V字バランス ㋐ ㋐ …… 146
| 発展 缶のりバランス ㋐／新聞紙のりジャンケン ㋐ … 148
　　　　フットホーン（足電話）㋐／バランスけんけん ㋐ … 149
　　　　かかしおに ㋐ ………………………………… 150
　　　　たいこばし（橋渡り／逆さ橋）…………… 151

### 平均台に乗るあそび
| 基本 立って座る／足ぶみ／ポーズをとる／
　　　　その場でまわる ㋐ …………………………… 152
| 発展 ボールをキャッチ（平均台キャッチボール ㋐／
　　　　セルフキャッチボール） …………………… 154
　　　　平均台登り降り／ロデオジャンプ ………… 155

### 平均台を渡るあそび
| 基本 なわ渡り／横歩き／前歩き／後ろ歩き ㋐ … 156
| 発展 2本渡り（四つ這い渡り／
　　　　1人渡り／手つなぎ渡り）…………………… 158
　　　　陣取りジャンケン／両手バランスくずし ㋐ … 159
　　　　平均台よじ登りすべりおり ………………… 160

## 操作する運動（操作系運動スキル） …………… 161

### ボールを持つあそび
| 基本 ラッコ／ボール持ち競争／クレーン／
　　　　足だけボール渡し ㋐ ㋐ …………………… 162
| 発展 カンガルージャンプ／ボールの赤ちゃん … 164
　　　　走ってとって ㋐ ……………………………… 165

### ボールを転がすあそび
| 基本 ボール転がし／ボールパス ㋐ ……………… 166
| 発展 ナイスキャッチ！／ゴールにシュート！… 168
　　　　ドアを開けて！ ㋐ …………………………… 169

### ボールを投げるあそび
| 基本 投げ上げキャッチ／まわってキャッチ／バウンドキャッチ／
　　　　背面投げ／ワンバウンド／股下投げ ……… 170
| 発展 ロケット発射／立って座ってキャッチ …… 172
　　　　ぐるぐるをやっつけろ！／
　　　　みんなであそぼう ……………………………… 173

### ドッジボール
| 基本 転がるボールよけ／みんなでボールよけ／
　　　　三角コートでボールよけ …………………… 174

| 発展 | コロコロボールから逃げろ（円形中あて）／
四角ドッジボール（四角中あて） …………… 176
ドッジボール（角ドッジ）ア …………… 177

## フラフープ
| 基本 | フラフープまわし／フラフープ転がし／
のりものごっこ／ジャンプで出入りア ア …… 178
| 発展 | フープとびア／フープゴマ ………………… 180
フープと競争ア／まてまてトンネル ……… 181
フープ通し競走／ケンパーとび渡りア …… 182
島渡りア ……………………………………… 183

## 廃材を使うあそび
| 基本 | レジ袋バレー／新聞キャッチボール ………… 184
| 発展 | 新聞紙つまみ／エプロンキャッチア ……… 186
新聞バランスア／魔法のじゅうたん ……… 187
的あて（ペットボトルボウリング／缶落としア）… 188
カップでキャッチ／お手玉入れア ………… 189
新聞紙で風船運びア／タオルひきア ……… 190
しっぽとりゲーム …………………………… 191

| コラム | 「心が感動すれば、
からだはいくらでも動くもの」 ……………… 192

# その場でする運動（非移動系運動スキル） ………… 193

## 鉄棒
| 基本 | ぶら下がりダンス／足だけブランブラン／
ナマケモノごっこ／スズメさんひとやすみア ア …… 194
| 発展 | 前まわり …………………………………… 196
ふとん干しア／鉄棒ウェーブ ……………… 198
足抜きまわりア／鉄棒地球まわり ………… 199
逆あがり ……………………………………… 200

## のぼり棒
| 基本 | おサルさん木のぼり／落ちたら負けよ! ……… 202
| 発展 | 2本でゴリラア／テープタッチリレー ……… 203

## クライミング
| 基本 | おしりでアップ／手がかりを使ってクライミング
…………………………………………………… 204
| 発展 | 目標にトライ／
決まった色でクライミング ………………… 205

## うんてい
| 基本 | ブランブラン／ブラブラダンス／
うんてい渡りア ア …………………………… 206
| 発展 | 1本とばし／空中足ジャンケンア ………… 208

# 組み合わせの運動 ……………… 209

## 屋内コーナーあそび
（足ひっぱりコーナー／平均台渡りコーナー／
ボウリングコーナー／トンネルコーナー） ……… 210

## 屋外コーナーあそび
（缶ポックリコーナー／新聞輪投げコーナー／
足ジャンケンコーナー／逆のぼりコーナー） …… 212

## 4つの運動スキルを組み合わせるあそび
（平均台上ボール運び／鉄棒着地ゲーム／
坂はしご渡り） ……………………………… 214

## 遊具を組み合わせるあそび
（マット山のぼり／はしご渡り／フープトンネル／
鉄棒クレーンア） …………………………… 216

## 障害物あそび
（クマコース／ジグザグコース／チャレンジコース）… 218

## 屋内サーキットあそび ……………………… 220
## 園庭サーキットあそびア ア ………………… 222

| コラム | 「子どもたちの心を動かす
あそびのつくり方」 ………………………… 224

※アマークのあるあそびは、アレンジあそびも紹介しています。

# 季節のあそび ……… 225

## 砂場あそび
- 穴掘り／水流し／山づくり ……… 226
- 発展 レストランごっこ／だんごづくり ……… 228
- トンネル開通／川と海の町づくり ……… 229

## 公園あそび・山のぼり
- 基本 自然あそび／広場あそび／
  公園遊具あそび ……… 230
- 発展 芝すべり／木のぼり ……… 232
  山のぼり ……… 233

## 水に慣れるあそび
- 基本 水たたき／水きり／水パンチ／水すくい／
  水受け／水打ち ……… 234
- 発展 水中生きものごっこ(イヌ歩き／カニ歩き／
  ウサギとび／カエルとび) ……… 236
  バケツ水入れ競争 ア／ジャンケン汽車 ……… 237

## 水に顔をつけるあそび
- 基本 水のかけ合い／水中トンネルくぐり／
  水中おじぎ／水中行進 ……… 238
- 発展 水中石ひろい(水中石ひろい／2人組で石ひろい／
  石ひろい競争 ア) ……… 240
  水中ジャンケン ア／水中手つなぎジャンプ ……… 241

## 水に浮くあそび
- 浮き島／伏し浮き／壁つかみ浮き／くらげ浮き ア ア／
  引き舟 ……… 242

## バタ足
- 基本 座ってバタ足／壁つかみバタ足 ……… 244
- 発展 ビート板キック／みんなでバタ足 ……… 245

## 運動会：からだを使う競技
- こども 生きものレース ……… 246
  足ながチャンピオン ア ……… 247
- 親子 親子でおいでおいで ……… 248
  スーパーマン／迷子さがし ……… 249

## 運動会：道具を使う競技
- こども ゴーゴーハリケーン ……… 250
  大きなたまご／おにごっこ玉入れ ……… 251
- 親子 タオルでキャッチ ……… 252
  お父さん、お母さん大丈夫? ……… 253

## 運動会：廃材を使う競技
- こども 多いのはどっち? ……… 254
  キャタピラーリレー／楽しいお買いもの ……… 255
- 親子 たおして、おこして、おんぶして ……… 256
  お助けマン／うちの子どこだ? ……… 257

## 運動会：大きな道具を使う競技
- こども よく寝、よく食べ、よく遊ぼう! ……… 258
  ふたりはなかよし ……… 259
- 親子 親子ダブルハット ……… 260
  親子で忍者修行 ……… 261

## 雪あそび
- 基本 雪あつめ／雪のスタンプあそび／
  雪像づくり ……… 262
- 発展 そりあそび／宝さがし ……… 264
  かまくらづくり／雪合戦 ア ……… 265

---

- 子どもの成長・発達診断 ……… 266
- 道具別索引 ……… 268
- 親子ふれあい体操ポスター ……… 271

※ ア マークのあるあそびは、アレンジあそびも紹介しています。

# 0・1・2歳の あそび

できることが日々増えていくこの時期の子どもたちは
意欲のかたまりです。その発達段階に合わせた運動あそびは、
からだの成長を支えるだけでなく、好奇心や喜び、
人に対する信頼感を得ることにも役立ちます。
3歳以降もふれあいあそびとしてたくさん活用してください。

腕つっぱり

ペンギン歩き

ローラー競争

風船転がし

# 0・1・2歳のあそび 抱っこ

## 基本のあそび
# 抱き上げるあそび

人数 1人〜　年齢 4か月〜

発展　たかいたかーい ▶ P27 ／ スーパーマン ▶ P27

**ねらい**
安心感の中で、自分で動くための体幹の筋力をつける

**ここが育つ**
- 筋力　・バランス
- 空間認知能力
- 平衡系運動スキル

### ゆらゆら抱っこ

**ルール**
1. 片手で子どもの首を、もう一方の手でおしりを支えて、しっかりと抱く。
2. 上下、左右に揺らす。

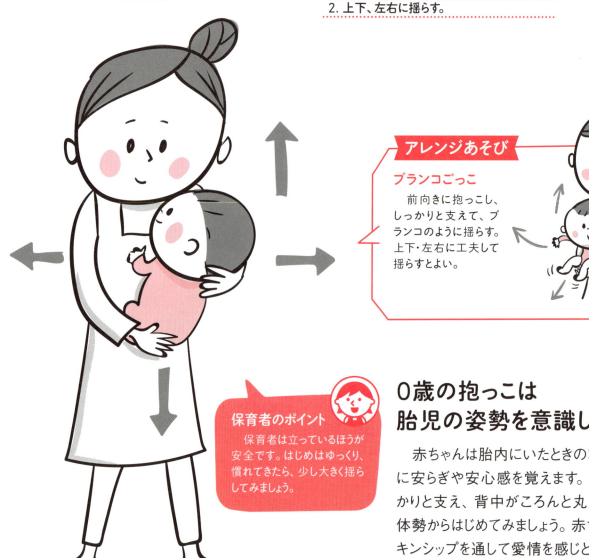

**アレンジあそび**

**ブランコごっこ**
前向きに抱っこし、しっかりと支えて、ブランコのように揺らす。上下・左右に工夫して揺らすとよい。

**保育者のポイント**
保育者は立っているほうが安全です。はじめはゆっくり、慣れてきたら、少し大きく揺らしてみましょう。

## 0歳の抱っこは胎児の姿勢を意識して

赤ちゃんは胎内にいたときの窮屈な状態に安らぎや安心感を覚えます。おしりをしっかりと支え、背中がころんと丸くなるような体勢からはじめてみましょう。赤ちゃんは、スキンシップを通して愛情を感じとりますから、抱っこあそびでたくさんふれ合ってください。

## 抱き上げる 発展のあそび
# たかいたかーい

人数 1人〜　年齢 4か月〜

**アレンジあそび**
もっと！たかい、たかーい
保育者は立った状態で行う。子どもを高い位置に抱き上げて、そのままの状態を保つ。

**発展ポイント**　安心感の中で、スピード感や楽しい気持ちを味わう

**ここが育つ**
- 筋力　・バランス
- 空間認知能力
- 平衡系運動スキル

**ルール**
1. 子どもの両わきをしっかり支える。
2. 「たかい、たかーい」と言いながら、抱き上げる。
3. 最初はゆっくり抱き上げ、慣れてきたら高さや勢いに変化をつける。

★ 子どもは慣れてくると、手足をバタバタさせるので、落さないようにしっかりと支える。

---

## 抱き上げる 発展のあそび
# スーパーマン

人数 1人〜　年齢 4か月〜

**発展ポイント**　安心感の中で、スピード感や楽しい気持ちを味わう

**ここが育つ**
- 筋力　・バランス
- 空間認知能力
- 平衡系運動スキル

**ルール**
1. 子どもの胸とももを支えて持ち上げる。
2. 上下の波のように動かしながらまわる。

★ スピードがはやすぎると、恐がって手をつかもうとするので、ゆっくり動かす。

## 0・1・2歳のあそび
寝転ぶ

### 基本のあそび
# 寝転んでするあそび

人数 1人〜　年齢 4か月〜

発展：寝返り▶P29／引っ張りあそび▶P29／足支え起き上がり▶P30／飛行機ブーン▶P31／両足キック▶P31

**ねらい**　安心感の中で、自分で動くための体幹の筋力をつける

**ここが育つ**
- 筋力
- 空間認知能力
- 移動系運動スキル

## 寝返りくるりん

**ルール**
1. 仰向けに寝ている子どもの両足首を持つ。
2. ゆっくりとねじり、寝返りをさせる。

**STEP1** 両足を持つ

**STEP2** 足を交差させる

**STEP3** うつ伏せにする

最初はおなかの下に入った手を自分で抜くことができないので、補助してあげましょう。

繰り返すうちに自分で手を抜いて前に出すようになり、そのうち、自分で寝返りができるようになります。

### 保育園の先生より

## 寝返りが得意になると、コロコロと移動ができるように

寝返りをうつ時期になると、子どもは寝返りで移動できるようになります。例えば、音のなるおもちゃで、おいでおいでと呼びかけると、音のなる方向に転ごうとするでしょう。このように発達段階に合わせた運動あそびをすると、バランスよく身体能力が身についていきます。その子どもにとって大好きな保育者が呼びかけるだけでも、コロコロと転がってきますよ。子どもが保育者の近くや、おもちゃの近くへ移動してきたら、いっしょに喜んであげましょう。（保育園／山梨）

★ この時期におすすめのふれあいあそび：「ラララぞうきん」「きゅうりができた」

## 寝転ぶ 発展のあそび
# 寝返り

人数 1人～　年齢 4か月～

**発展ポイント**　自分の力でからだを動かす

**ここが育つ**
- 筋力
- 空間認知能力
- 移動系運動スキル

**ルール**
1. 1人で寝返りができないときは、まわりやすいようにからだを軽く押す。
2. 1人でできるようになったら、寝返りしようとするときに腰に手をあてて、少し抵抗を与える。

**保育者のポイント**
寝返りをじゃまするように押さえる力は、子どもの力強さによって加減しましょう。筋力がついてくると、押さえてもがんばって寝返りをしようとします。

---

## 寝転ぶ 発展のあそび
# 引っ張りあそび

人数 1人～　年齢 4か月～

**発展ポイント**　安心感の中で、引っ張られる動きを体験する

**ここが育つ**
- 筋力
- 身体認識力
- 移動系運動スキル

**ルール**
1. 子どもを仰向けに寝かせ、手足を伸ばし、バンザイの姿勢にする。
2. 両足首を持って、自分のほうに引き寄せる。
3. 慣れてきたら、うつ伏せの姿勢で引っ張ったり、両手首を持って引っ張ったりする。

**アレンジあそび　座ぶとん引っ張りあそび**
座ぶとんの上に子どもを寝かせ、座ぶとんごと引っ張る。引っ張りあそびの前に取り組むとよい。

 **安全を確認する**
すりむかないように、床面の状態や服をチェックしてからはじめましょう。

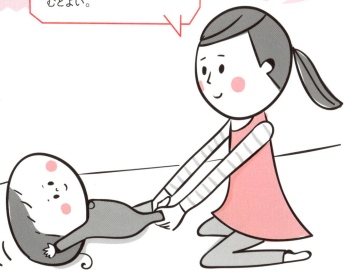

0・1・2歳のあそび／寝転ぶ／寝転んでするあそび／使う物なし

基本 寝転んでするあそび　発展 足支え起き上がり／飛行機ブーン／両足キック

## 寝転ぶ 発展のあそび
# 足支え起き上がり

人数 1人～
年齢 4か月～

**発展ポイント** 支えてもらいながら座る体験をする

**ここが育つ**
- 筋力　・バランス
- 身体認識力
- 平衡系運動スキル

**ルール**
1. 子どもを仰向けに寝かせる。
2. 片手で子どもの両手を握り、もう一方の手で両足首を軽く押さえる。
3. 子どもの手を少し引くと、自分から起き上がろうとするので、足首を押さえながら引き上げて起こす。

**アレンジあそび**

**手つかみおすわり**
子どもに手を握らせて、少し引くと、子どもはひじを曲げて起き上がろうとする。それをサポートするように、さらに手を引くと、おすわりができる。手だけで支えているので、頭が反らないように注意する。

 **保育園の先生**より

### 視界を変化させて、うつ伏せの状態で楽しく過ごせる工夫を

保育園で見ていると、うつ伏せの状態のままでいるのが苦手な子が多く、ペタッとつぶれてしまって大泣きする……ということは、よくあります。なぜ苦手かというと、うつ伏せでいるには、筋力が必要だから。そこで、動くおもちゃ、カラフルな絵本など、子どもの視界の中に楽しいものがあるようにして、楽しんで姿勢を維持できる工夫をしてみましょう。筋力がついてくると、興味のあるものに近づこうと、からだを動かしはじめます。（保育園／山梨）

★ この時期におすすめのふれあいあそび：「ラララぞうきん」「きゅうりができた」

| 寝転ぶ | 発展のあそび |

# 飛行機ブーン

| 人数 | 年齢 |
|---|---|
| 1人〜 | 4か月〜 |

この運動をたくさん経験すると、ハイハイへの移行がスムーズになります。

**発展ポイント** うつ伏せの状態で、体を支える体験をする

**ここが育つ**
- 柔軟性
- 身体認識力
- 非移動系運動スキル

**ルール**
1. 子どもをうつ伏せに寝かせ、両手を広げる。
2. 手のひらは下向きにして、保育者の手の上に乗せる。
3. 保育者は子どもの手を握らないように支えながら、軽くからだを反らせる。

---

| 寝転ぶ | 発展のあそび |

# 両足キック

| 人数 | 年齢 |
|---|---|
| 1人〜 | 4か月〜 |

**注意　かかとを持つ**
足が伸びきったときに、かかとを床にぶつけないように、かかとを持ちながら押しましょう。

**発展ポイント** 自分の力でからだを移動させる動きを体験する

**ここが育つ**
- 筋力・瞬発力
- 空間認知能力
- 移動系運動スキル

**ルール**
1. 子どもを仰向けに寝かせ、両ひざを曲げて足の裏を床につける。
2. 保育者は、足首を固定させるようにして押さえる。
3. 子どもがひざを伸ばすときに、足の裏を押す。子どもは頭の上の方向に進む。

0・1・2歳のあそび / 寝転ぶ / 寝転んでするあそび

使う物なし

## 0・1・2歳のあそび　支える

### 基本のあそび
# 腕で支えるあそび

人数 1人〜　年齢 4か月〜

発展　手押し車 ▶P33 ／ 腕立て歩き ▶P33

**ねらい**　腕の力やからだを支える感覚を身につける

**ここが育つ**
- 筋力
- 身体認識力
- 非移動系運動スキル

### 腕つっぱり

**ルール**
1. 子どもをうつ伏せにする。
2. 保育者は、子どもの胸の下と両足首を手で支える。
3. 子どもの両手は床につけたままで、背筋を反らせる程度にやさしく持ち上げる。

**注意　ゆっくり持ち上げる**
両手でゆっくりと持ち上げます。いきなり足を上げないようにしましょう。

繰り返していくと、だんだん子ども自身が手で支えようとします。自分のからだを支える経験は、逆立ちにつながる運動です。

## 転んだときにけがをしない「安全能力」を高めよう

　腕で支えるあそびは、支持感覚を育みます。それは転んだときにしっかりと手をついて、からだを守る力。ハイハイの期間が短く、すぐに伝い歩きをしてしまうような子は、特に意識して支持感覚を鍛えるとよいでしょう。腕でからだを支える体験を重ねることで、あごを引く、ふんばる等のからだを守る動作に必要な筋力が身につきます。

## 腕で支える 発展のあそび
# 手押し車

人数 1人〜　年齢 1歳8か月〜

**保育者のポイント**
はじめは手で歩きたがらない子どももいるので、前進するときは子どもの動きに合わせましょう。

**発展ポイント** 腕でからだを支え、移動する

**ここが育つ**
- 筋力 ・持久力
- 身体認識力
- 移動系運動スキル

**ルール**
1. 子どもをうつ伏せにして、腕立ての姿勢をとる。
2. 保育者は、手で子どものおなかを持ち上げて支え、その姿勢で数を数える。
3. 慣れてきたら、そのまま前進させる。

## 腕で支える 発展のあそび
# 腕立て歩き

人数 1人〜　年齢 2歳〜

**保育者のポイント**
前に歩くのに慣れてきたら、後ろに歩いたり、足の高さを高くしたり、低くしたりしながら歩かせてみましょう。

**発展ポイント** 腹筋や背筋力、腕力を使って移動する

**ここが育つ**
- 筋力 ・持久力 ・調整力 ・リズム
- 身体認識力 ・空間認知能力
- 移動系運動スキル

**ルール**
1. 子どもをうつ伏せにして、腕立ての姿勢をとる。
2. 保育者は、子どもの両足首を握って持ち上げ、少し前に押しながら前進させる。

よいしょ、よいしょ

0・1・2歳のあそび｜支える｜腕で支えるあそび｜使う物なし

# 0・1・2歳のあそび　曲げる

## 基本のあそび
# からだを曲げるあそび

| 人数 | 年齢 | 使う物 |
|---|---|---|
| 1人〜 | 4か月〜 | イス |

発展　ボートあそび ▶ P35 ／ 下からバァ！ ▶ P35

**ねらい**　リズムに合わせてからだを動かし、筋力や柔軟性を高める

**ここが育つ**
- 筋力　・リズム　・バランス　・柔軟性
- 空間認知能力
- 平衡系運動スキル

## おすわりシーソー

**ルール**
1. 保育者はイスに座り、子どもと向き合ってひざにまたがせる。
2. 後頭部と腰を手で支える。
3. 子どもを抱きかかえるようにして、保育者は少しずつ前傾し、子どもの上半身を反らせる。
4. もとの姿勢にもどる。
5. 3と4を繰り返す。

**保育者のポイント**
反復のリズムを意識して、「ギッコン、バッタン」と言葉をかけながら繰り返してみましょう。

## ふれ合うほどに子どもの笑顔は増えていく

　子どもとの信頼関係を築くことは、保育の基本であり、何より大切なことです。両者の距離を短時間でぐっと近づけるにはスキンシップが一番。アイコンタクトをとりながら、笑顔で抱っこしたり、頬にふれたり、手をつないだり、からだを使ったあそびを存分に取り入れることで、子どもは相手への信頼を積み重ねていきます。「先生、大好き！」という子どもの気持ちが、生活の中で様々なことにチャレンジする意欲の土台となるのです。

## からだを曲げる 発展のあそび
# ボートあそび

| 人数 | 年齢 | 使う物 |
|---|---|---|
| 1人〜 | 8か月〜 | ラップの芯などの棒 |

**発展ポイント** ボートをこぐ動作で柔軟性を高める

**ここが育つ**
- 筋力 ・柔軟性 ・リズム
- 身体認識力
- 操作系運動スキル

**ルール**
1. 保育者は両足を伸ばして座り、子どもを足にまたがせるか、足の間にはさむようにして座らせる。
2. 子どもと保育者でいっしょに棒を持ち、かけ声をかけながら、ボートをこぐように、からだを前後に動かす。

最初はゆっくりこぎ、慣れてきたらはやくこいでみたり、急に止まったりと、かけ声を変化させて楽しみましょう。

★ 子どもと向かい合わせになって、ボートをこいでみてもよい。

---

## からだを曲げる 発展のあそび
# 下からバァ！

| 人数 | 年齢 |
|---|---|
| 1人〜 | 1歳4か月〜 |

**発展ポイント** 立ってからだを曲げ、のぞきながらバランスをとる

**ここが育つ**
- 筋力 ・バランス ・柔軟性
- 身体認識力 ・空間認知能力
- 平衡系運動スキル

**ルール**
1. 子どもと保育者で背中合わせになり、少し足を広げて立つ。
2. からだを前に曲げて、足の間から顔を見せ合う。

柔軟性を高めるために、ひざをなるべく曲げないように意識しましょう。

★ 子ども同士でも楽しめる。

0・1・2歳のあそび

曲げる

からだを曲げるあそび

イス・ラップの芯などの棒

# 0・1・2歳のあそび
## バランス

### 基本のあそび
# バランス飛行機

人数 1人〜
年齢 8か月〜

発展　空中バランス ▶ P37 ／ 飛行機 ▶ P37

**ねらい**　空中でバランスをとる

**ここが育つ**
- 筋力　・バランス
- 空間認知能力
- 平衡系運動スキル

**ルール**
1. 保育者は、仰向けに寝てひざを立て、子どもの両足の間に自分のひざを入れる。
2. 子どもの両手を持って、子どもがひざにうつ伏せになるようにしながら、ゆっくり足を上げる。
3. ひざから下が床と平行になるくらいまで持ち上げる。
4. 子どもがバランスをとれる範囲で、足を上下、左右に動かす。

## 衰えやすいバランス感覚こそ、乳児期から鍛えておこう

20歳以降、もっともはやく衰えるのがバランス感覚です。立つ、座る、歩く等、姿勢の維持に影響するバランス感覚を鍛えることは、一生涯のからだづくりと同じ。乳幼児に適した刺激をたくさん与えることで、神経回路を強化してあげましょう。

**注意　子どもに無理のない姿勢で**
慣れないうちは、角度によって子どもの腕の力が抜けてしまうことがあります。子どもが自分の手や腕でからだを支えられるように、少し下のほうで子どもの手を持ちましょう。

慣れてきたら、保育者のひざをまたぐように座らせて、足を動かしてみましょう。

## バランス飛行機 発展のあそび
# 空中バランス

人数 1人～　年齢 1歳～

**発展ポイント** 不安定な体勢でからだのバランスを保つ

**ここが育つ**
- 筋力
- バランス
- 身体認識力
- 空間認知能力
- 平衡系運動スキル

**ルール**
1. 保育者は仰向けに寝て、子どもの両手を持ち、子どもを足の裏に乗せるようにしてゆっくりと持ち上げる。
2. ひざを曲げたり、足を上下、左右に動かしたりして、子どもを揺らす。

**保育者のポイント**
子どもの足のつけ根あたりに足の裏をあてて支え、子どもと目を合わせるようにすると、バランスがとりやすくなります。

**注意　ゆっくり持ち上げる**
子どもが落ちないように注意しましょう。

---

## バランス飛行機 発展のあそび
# 飛行機

人数 1人～　年齢 2歳～

**発展ポイント** 不安定な体勢でからだのバランスを保つ

**ここが育つ**
- 筋力
- バランス
- 身体認識力
- 空間認知能力
- 平衡系運動スキル

**ルール**
1. 保育者の足の裏に子どものおなかをあて、子どもの両手を持ってゆっくり寝ころび、同時に子どもには前のほうに少しずつ倒れさせる。
2. 子どものバランスをとりながら、両手を離し、ひざを伸ばして子どもを持ち上げる。
3. 保育者は仰向けに寝て、子どもを両足で支え、両手は広げて床の上に置いて子どもを支える。

慣れないうちは、子どもの手を持って持ち上げ、バランスがとれてから手を離すようにしましょう。

★ マットやふとんの上など、やわらかい床面をつくって行うとよい。

## 0・1・2歳のあそび

基本のあそび

# バランスあそび（0・1・2歳）

| 人数 | 年齢 | 使う物 |
|---|---|---|
| 1人〜 | 8か月〜 | バスタオル |

発展　バランスくずし▶P39／片足立ち▶P39

**ねらい**　座った状態でバランスを保つ

**ここが育つ**
- バランス　・筋力
- 空間認知能力
- 平衡系運動スキル

## タオルでピュー

**ルール**
1. バスタオルを床に敷き、その上に子どもは足を伸ばして座る。
2. 保育者は声をかけてから、バスタオルの端を持って引っ張る。

**保育者のポイント**
タオルを引っ張るスピードをだんだんはやくしたり、ゆっくりにしたり、緩やかに曲がったりと動きを工夫してみましょう。

**保育園の先生より**

### バランスあそびで「手をつく」経験をさせよう

バランスあそびをしていると、バランスを崩したときに転ぶこともあるでしょう。この経験が、手をつくことや、とっさに身を守る姿勢がとれるようになることに役立ちます。私の園では、その子がその時期にできる運動あそびをどんどん取り入れています。すると、2歳ぐらいになると、転んでもうまく手がつけるようになります。やがて、転ばなくなり、3歳以降は外でたくさん遊んでも、驚くほどけがの少ないクラスになります。（保育園／山梨）

★ この時期におすすめのふれあいあそび：「バスにのって」

## バランス 発展のあそび
# バランスくずし

人数 1人〜　年齢 1歳〜

> **アレンジあそび**
> 片手バランスくずし
> 保育者が片手で子どもの両手を握り、バランスを崩すように動かしてみる。もう一方の手は、子どもが体勢を崩したときに支えられるようにする。

**発展ポイント**　足でからだのバランスを保つ

**ここが育つ**
- バランス ・筋力
- 身体認識力
- 平衡系運動スキル

**ルール**
1. 子どもと向かい合わせになり、保育者は座る。
2. 子どもの両手を握って、前後、左右に動かしてバランスを崩す。

---

## バランス 発展のあそび
# 片足立ち

人数 1人〜　年齢 1歳8か月〜

> **保育者のポイント**
> 足の筋力がついてくると、片足でも立てるようになります。手で支えながら、左右それぞれの足を使って、片足でバランスをとる体験をさせてみましょう。

**発展ポイント**　片足でからだのバランスを保つ

**ここが育つ**
- バランス ・筋力 ・巧緻性
- 身体認識力
- 平衡系運動スキル

**ルール**
1. 子どもと向かい合わせになって立ち、子どもの両手を持つ。
2. 子どもを片足で立たせる。

ユラユラするね

★ 子ども同士でも楽しめる。

## 0・1・2歳のあそび

### 基本のあそび
# ハイハイ

人数 2人～
年齢 8か月～

発展 ▶ ハイハイ山のぼり ▶P41 ／ むかで歩き ▶P41

💡 **ねらい**
四肢の協応動作をリズミカルにしながら、前に進むスピードを味わう

🌱 **ここが育つ**
- 筋力 ・協応性 ・スピード ・リズム
- 空間認知能力
- 移動系運動スキル

### ハイハイレース

**ルール**
1. 子どもを数人並ばせて、腕立ての四つ足姿勢にさせる。
2. 保育者は、少し離れた場所に座り、声をかけて、子どもはハイハイで保育者のほうへ行く。

**保育者のポイント**
さらに工夫して楽しんでみましょう。
・保護者も並んでいっしょに行う
・ゴールを決める
・音楽に合わせて進む

### こんなときどうする？ Q&A

**Q** ハイハイをしっかりさせるには、どうしたらいいですか？

**A** 生活の中でハイハイをさせる工夫をすると、運動量が増えます。例えば、ランチルームに移動する動線上に、積木や低い台の上にマットや布団をかけた小さな山をつくり、そこを必ず乗り越えさせるようにするのもひとつの方法です。立ったまま段差を乗り越えるのは、歩きはじめた子でも難しく、ハイハイの姿勢で登り、一度座って足から降りる等、子どもなりに工夫して乗り越えようとします。この時期は、階段や段差を乗り越えるあそびをたくさん取り入れてみましょう。

## ハイハイ 発展のあそび
# ハイハイ山のぼり

- 人数 1人～
- 年齢 8か月～
- 使う物 マット・台

**発展ポイント**　高低差のあるものを、ハイハイで登り降りする

**ここが育つ**
- 筋力　・協応性　・巧緻性
- 身体認識力
- 移動系運動スキル

**ルール**
1. 台の上にマットを置いて、山をつくる。
2. その上を子どもがハイハイする。

徐々に高くしたり、いくつか山をつくったり、コースに変化をもたせましょう。

最初に保育者が動きをみせたり、子どもといっしょに楽しんだりしてみましょう。

★ 高い山をつくる場合は、マット山のぼり（P216）を参照。

---

## ハイハイ 発展のあそび
# むかで歩き

- 人数 1人～
- 年齢 2歳～

**発展ポイント**　リズムに合わせてハイハイする

**ここが育つ**
- リズム　・巧緻性
- 空間認知能力
- 移動系運動スキル

**ルール**
1. 保育者がハイハイの姿勢になり、保育者の足首を持つようにして、子どももハイハイの姿勢になる。
2. 声をかけ、リズムに合わせて前進する。

**アレンジあそび**

**むかで歩き競争**
年齢が高くなれば、子ども同士でもできる。人数が多いときは、2人組になって競争したり、リレーに発展させたりしてもよい。

★ スムーズに進めるようになったら、スピードをはやくしたり、後ろ方向に進んだりしてみる。

## 0・1・2歳のあそび くぐる

### 基本のあそび
# くぐるあそび

人数 1人〜　年齢 8か月〜

発展　両足くぐり ▶ P43 ／ くぐってジャンプ ▶ P43

**ねらい**　空間を意識し、からだがぶつからないようにくぐる

**ここが育つ**
- 筋力　・協応性　・巧緻性
- 空間認知能力
- 移動系運動スキル

## トンネルくぐり

**ルール**
1. 保育者は四つ這い姿勢になり、トンネルをつくる。
2. 子どもはハイハイしながらトンネルの中を通る。
3. トンネルを高くしたり、低くしたり、子どもが通り過ぎるタイミングでわざと狭くしたりする。

**保育者のポイント**
子どもが通るときに、つかまえるようなイメージでからだを狭くします。「1、2の3、ギュー！」とかけ声をかけると、子どもはつかまらないようにはやく通り過ぎようとしたり、つかまえられることを喜んだりします。

## くぐる 発展のあそび
# 両足くぐり

人数 1人〜　年齢 1歳〜

できるようになったら、床に仰向けになってくぐってみましょう。

**発展ポイント**　狭い場所をくぐる

**ここが育つ**
- 筋力　・巧緻性
- 空間認知能力
- 移動系運動スキル

**ルール**
1. 保育者は床に座り、V字になるように、両手を床について、両足は揃えて持ち上げる。
2. 子どもは、足の下をくぐる。

---

## くぐる 発展のあそび
# くぐってジャンプ

人数 1人〜　年齢 2歳〜

大人にとっても運動になるので、親子ふれあい体操として取り入れるのもよいでしょう。

**発展ポイント**　くぐる・跳ぶ動作をすばやくする

**ここが育つ**
- 筋力　・瞬発力　・リズム　・巧緻性
- 空間認知能力
- 移動系運動スキル

**ルール**
1. 保育者は両足を伸ばして座り、子どもは保育者の足の上を跳び越える。
2. 子どもが跳び越えたら、腰を上げる。子どもはからだの下をくぐる。
3. 回数や時間を区切って、1と2を繰り返す。

# 基本のあそび
## 立つあそび

0・1・2歳のあそび 立つ

 人数 1人～
 年齢 8か月～
 使う物 イス

発展 支えて立っち▶P45／しゃがんで立っち▶P45／ぐらぐらバランス▶P46／立って座って▶P46／ひざのり▶P47

**ねらい** 足でからだを支えて立つ

**ここが育つ**
- 筋力 ・バランス
- 身体認識力
- 平衡系運動スキル

### ひざ立っち

**ルール**
1. 保育者はイスに座る。
2. 子どもが倒れないようにからだを支えながら、保育者のももの上に立たせる。
3. ひざを左右にゆらゆらさせたり、かかとを上下に動かして、子どもをゆらす。

**注意 しっかり支える**
子どもが喜んで動きが大きくなったときに、ひざから足を踏み外すことがないようにしっかりと支えましょう。

## 寝転びあそびやハイハイで筋力をつけてから

立つあそびが難しいなと感じたら、それは寝転んだり、ハイハイでのあそびがまだ足りない証拠。立つあそびはしっかりと腹筋や背筋、四肢の筋力をつけてからはじめることが大切です。はやい時期に立ちはじめた子に対しても、意図的にハイハイができるあそびを取り入れると、支える力が強くなります。

## 立つ 発展のあそび
# 支えて立っち

- 人数 1人～
- 年齢 8か月～

**保育者のポイント**
子どもが立っているときに「おひざを伸ばしてね」と言葉かけをしましょう。意識させるとしっかり立てるようになり、また、からだの名前にも関心をもてるようになります。

**発展ポイント** 支えがあれば自分で立てるようになる

**ここが育つ**
- 筋力 ・バランス
- 身体認識力
- 平衡系運動スキル

**ルール**
1. 保育者と子どもが向かい合い、両手をつなぐ。
2. 子どもがつかまり立ちができるように、両手を支える。
3. 慣れてきたら、片手で支える。

## 立つ 発展のあそび
# しゃがんで立っち

- 人数 1人～
- 年齢 1歳～

**保育者のポイント**
保育者は、手のひらを上に向けて子どもと手をつなぐと、子どもの支えになります。

**発展ポイント** かけ声に合わせて立つ

**ここが育つ**
- 筋力 ・バランス ・瞬発力
- 身体認識力
- 平衡系運動スキル

**ルール**
1. 保育者と子どもが向かい合い、しゃがんで、両手をつなぐ。
2. 保育者が「立っち!」と言ったら、子どもは立つ。

**アレンジあそび**

**かけ声立っち**
「1、2の3!」のかけ声で、子どもといっしょに保育者も立ち上がったり、しゃがんだりする。アレンジをしながら楽しむとよい。
・手をつながずに行う
・しゃがんだときに床をたたく
・立ち上がるときにジャンプする

0・1・2歳のあそび／立つ／立つあそび／イス

基本 立つあそび 発展 ぐらぐらバランス ／ 立って座って ／ ひざのり

## 立つ 発展のあそび
# ぐらぐらバランス

人数 1人〜　年齢 1歳〜

**発展ポイント**　不安定なところでバランスを保って立つ

**ここが育つ**
- 筋力 ・バランス
- 身体認識力
- 平衡系運動スキル

**ルール**
1. 保育者は、足を伸ばして座る。
2. 子どもは保育者のひざの上に立ち、保育者と手をつなぐ。
3. 保育者は、ひざを上下、左右に揺らす。

まず、ひざを揺らさない状態で、両手を離して子どもが立てるか、試してみましょう。

## 立つ 発展のあそび
# 立って座って

人数 1人〜　年齢 4歳〜

**発展ポイント**　立つ・座る動きをすばやく行う

**ここが育つ**
- 筋力 ・瞬発力 ・バランス ・リズム
- 身体認識力
- 平衡系運動スキル

**ルール**
1. 保育者と子どもが背を合わせて立ち、腕を組む。
2. 腕を組んだ状態で、いっしょに床におしりをつけて座る。
3. かけ声に合わせて、立ったり、座ったりする。

「立つ」、「座る」動作を正確に行いましょう。できるようになってきたら、かけ声のスピードをはやくします。

立って!

背中はなるべく離さないように気をつけます。

## 立つ　発展のあそび
# ひざのり

人数　1人～
年齢　2歳～

**発展ポイント**　不安定なところでバランスを保って立つ

**ここが育つ**
- 筋力
- バランス
- 身体認識力
- 平衡系運動スキル

**ルール**
1. 保育者と子どもが向かい合って立つ。
2. 手をつないで、保育者のひざの上に子どもの足を乗せ、立たせる。
3. 子どもが落ちないように、両手を引っ張ってバランスをとる。

**アレンジあそび1**

ひざのりの前に…
**座ってひざのり**
　正座した保育者のひざの上に子どもが乗る。子どもの手をしっかり握り、子どもが足の曲げ伸ばしを自由にできるようにする。

**保育者のポイント**

　保育者は、子どもの手首をしっかり握ります。子どもには、おなかを出させて、からだを少し反るように促します。

**アレンジあそび2**

ひざのりができたら…
**ひざのり行進**
　ひざのりの状態でバランスがとれたら、そのまま少しずつ前進してみる。

　慣れてきたら、片足で立ったり、向きを変えて立ってみたりする。

0・1・2歳のあそび

立つ

立つあそび

使う物なし

## 0・1・2歳のあそび 歩く

### 基本のあそび
# 歩くあそび

人数 1人〜
年齢 1歳4か月〜

発展 レッツダンス▶P49 ／ 歩いてびょーん▶P49 ／ でこぼこ歩き▶P50 ／ 汽車ぽっぽ▶P50 ／ ゴー&ストップ▶P51

**ねらい** 目的の場所まで歩く

**ここが育つ**
- 筋力　・バランス
- 空間認知能力
- 移動系運動スキル

### ここまでおいで

**ルール**
1. 子どもと少し離れた場所に立ち、「ここまでおいで！」と、言葉をかける。
2. 子どもが近づいてきたら、手を広げて抱きとめる。

おいで〜

**保育者のポイント**
子どもと目線が合う高さで、言葉をかけます。

**注意 地面をチェック**
歩きはじめの頃は、少しの段差や物にもつまずいてしまいます。歩く場所が安全かどうかを必ず確認してから行いましょう。

## 靴を正しく選んでかかと合わせではく

靴に足を入れたら、かかとをトントンと地面に打ちつけて、靴と足のかかとをしっかり合わせて、ベルトをしめます。これが安全で前すべりしにくい「かかと合わせ」のはき方です。サイズの合った靴を、かかと合わせではくのが乳幼児の基本。靴下も必ずはきましょう。

## 歩く 発展のあそび
# レッツダンス

- 人数 1人〜
- 年齢 1歳4か月〜

**発展ポイント** いろいろな方向に歩く

**ここが育つ**
- 筋力 ・バランス ・リズム ・巧緻性
- 空間認知能力
- 移動系運動スキル

**ルール**
1. 保育者と子どもが向かい合い、両手をつなぐ。
2. 「ワン、ツー、ワン、ツー」とかけ声でリズムをとりながら、前後、左右など、いろいろな方向にステップを踏む。

子どもたちに人気の曲に合わせて行うと、盛り上がります。

ワン、ツー ワン、ツー

---

## 歩く 発展のあそび
# 歩いてぴょーん

- 人数 1人〜
- 年齢 1歳4か月〜

**発展ポイント** 歩くこと、跳ぶことをリズムよく行う

**ここが育つ**
- 筋力 ・バランス ・リズム
- 空間認知能力
- 移動系運動スキル

**ルール**
1. 子どもの左右に保育者が立ち、子どもと手をつなぐ。
2. 「1、2の3！」のかけ声で、子どもがジャンプしながら前に進む。

**保育者のポイント**
ジャンプのタイミングで保育者は子どもを持ち上げるようにして、前にぐんと進めます。

1、2の、3！

0・1・2歳のあそび

歩く

歩くあそび

使う物なし

基本 歩くあそび　発展 でこぼこ歩き／汽車ぽっぽ／ゴー＆ストップ

## 歩く 発展のあそび
# でこぼこ歩き

人数 1人〜　年齢 1歳8か月〜　使う物 クッション・ふとん等

**注意　安全を確認**
子どもの発達に合わせ、はだしで歩いても安全な段差や素材であるかを確認してから行いましょう。

**発展ポイント**　触感の違いを楽しみながら歩く

**ここが育つ**
- 筋力 ・バランス
- 身体認識力
- 移動系運動スキル ・平衡系運動スキル

**ルール**
1. クッションやふとん、緩衝剤など、床の材質の違いや凹凸を楽しめるコースをつくる。
2. 子どもははだしになり、その上を歩く。

はだしで歩くことで足の裏を刺激し、様々な触感の違いを感じることができます。

## 歩く 発展のあそび
# 汽車ぽっぽ

人数 3人〜　年齢 1歳8か月〜

**発展ポイント**　友だちといっしょに歩幅を合わせて歩く

**ここが育つ**
- 筋力 ・バランス ・リズム
- 空間認知能力
- 移動系運動スキル

**ルール**
1. 子ども数人で列になり、前の子の肩に両手をかける。
2. 「出発、進行！」の合図で、前に進む。

**保育者のポイント**
保育者が信号機になって、ときどきストップさせてみましょう。

 **保育園の先生より**

### 歩きたがる時期を大切に
子どもには歩くのが楽しくて仕方がない時期があります。転んでちょっとくらい痛い思いをしても、すくっと立って、またよちよち歩き出します。その時期を大事にしたいですね。できれば、午前も午後も外に出て、歩くことが好きになるチャンスを逃さないようにしてください。身体活動量が増えて、よく食べ、よく寝るようにもなります。（保育園／山梨）

## 歩く 発展のあそび
# ゴー&ストップ

| 人数 | 年齢 | 使う物 |
|---|---|---|
| 3人〜 | 2歳〜 | なわ |

**発展ポイント** 友だちといっしょに、ルールを守って歩く

**ここが育つ**
- 筋力 ・瞬発力 ・バランス
- 空間認知能力
- 移動系運動スキル

**ルール**
1. 保育者が2人でなわを持つ。
2. なわをピンと張って持ち上げているときは、子どもはその下を通ることができ、なわをたるませて床に落としているときは、子どもは通れない。
3. ある程度、距離をあけて、子どもを歩かせ、ゆっくりとなわを上下させる。

**保育者のポイント**
進むか進めないかを自分で判断させて、子ども自身が動きを決めるように見守ります。

なわの位置と自分の動きを意識することによって、長なわに入ったり、跳んだりするタイミングを理解する導入にもなります。

0・1・2歳のあそび
ぶら下がる

基本のあそび
# ぶら下がるあそび

人数 1人〜
年齢 1歳4か月〜

発展 宙ぶらりん ▶ P53 ／ メリーゴーラウンド ▶ P53

**ねらい** 筋力をつけて、動きのあるあそびを楽しむ

**ここが育つ**
- 筋力
- 空間認知能力
- 非移動系運動スキル

## お空へビューン

**ルール**
1. 子どもの両手を後ろから持つ。
2. 「お空へ、ビューン！」と言いながら、両手を持ち上げていく。
3. 高く上げたり、降ろしたり、左右に振る等して動きに変化をつける。

ビューン

**注意　急に持ち上げない**
持ち上げる前に必ず言葉をかけて、子どもに準備させましょう。子どもの腕が抜けないように、急に引っ張ったり、強い力で持ち上げたりしないように気をつけましょう。

**保育者のポイント**
慣れてきたら、少しずつ高く持ち上げましょう。腕と骨盤が強くなります。

## ぶら下がると視界がぱーっと広くなる爽快感

子どもは比較的握る力が強いので、ぶら下がるあそびは小さい頃から楽しむことができます。筋力や持久力が鍛えられるのはもちろん、落ちないようにとがんばる心の成長も期待できます。視界の変化が多いため、気分転換にも最適。満足感だけでなく、爽快感まで味わえます。

## ぶら下がる 発展のあそび
# 宙ぶらりん

人数 1人〜　年齢 1歳4か月〜

注意　ゆっくり持ち上げる
腕が抜けないように、ゆっくり持ち上げましょう。

慣れてきたら、少し大きな動きやはやい動きにしてみましょう。

**発展ポイント**　ぶら下がった状態を楽しむ

**ここが育つ**
- 筋力
- 空間認知能力
- 非移動系運動スキル

**ルール**
1. 子どもと向かい合わせに立ち、子どもの両手首をしっかり持つ。
2. 子どもを引き上げて、床から足が離れた状態で上下、左右に揺らす。

---

## ぶら下がる 発展のあそび
# メリーゴーラウンド

人数 1人〜　年齢 1歳4か月〜

慣れてきたら、いろいろなまわし方に挑戦してみましょう。
・右手と右足を持つ
・左手と左足を持つ

**発展ポイント**　ぶら下がった状態で、動きを楽しむ

**ここが育つ**
- 筋力
- 空間認知能力
- 非移動系運動スキル

**ルール**
1. 子どもと向かい合わせに立ち、子どもの両手首をしっかり持つ。
2. 子どもを引き上げて、ゆっくりまわす。
3. 最初は小さな円を描くようにまわし、少しずつ大きくする。大きくしたり、小さくしたり、波をつけるようにまわす等、まわし方に変化をつける。

0・1・2歳のあそび／ぶら下がる／ぶら下がるあそび／使う物なし

0・1・2歳のあそび
ぶら下がる

基本のあそび
# 自分でぶら下がるあそび

| 人数 | 年齢 | 使う物 |
|---|---|---|
| 1人〜 | 1歳4か月〜 | 棒 |

発展：ぶら下がりブランコ ▶ P55 ／ ロボット ▶ P55 ／
ぶら下がりエレベーター ▶ P56 ／ 首ぶら下がり ▶ P56 ／
地球まわり ▶ P57 ／ おサルさん抱っこ ▶ P57

💡 ねらい　自分の力でぶら下がる

ここが育つ
・筋力
・身体認識力
・非移動系運動スキル

### 棒ぶら下がり

**ルール**

1. 子どもは仰向けに寝て、両手を上げた状態で棒を握る。
2. 保育者は、子どもの手を包むようにして軽く握る。
3. 子どもが自分の力で起き上がれるように、棒を少し引き上げて立たせる。
4. そのまま持ち上げて、子どもがぶら下がるようにする。

**保育者のポイント**
起き上がるときに、なるべく子ども自身の力で起き上がれるように、子どもの動きに応じた速度で持ち上げましょう。

1人でぶら下がれるくらい腕の筋力がついてきたら、鉄棒（P194〜）やはしごでぶら下がり（P221）等にもチャレンジしてみましょう。

★ 関連あそび：ジャングルジム（P138）、たいこばし（P151）、鉄棒（P194）、うんてい（P206）

## 自分でぶら下がる 発展のあそび
# ぶら下がりブランコ

| 人数 | 年齢 |
|---|---|
| 1人〜 | 1歳8か月〜 |

**発展ポイント** 自分の力でぶら下がり、動きを楽しむ

**ここが育つ**
- 筋力 ・持久力
- 身体認識力
- 非移動系運動スキル

**ルール**
1. 子どもは保育者の腕にしっかりつかまる。
2. 最初は、足が少し浮く程度の高さで行い、慣れてきたら少しずつ持ち上げる。

**保育者のポイント**
しっかりつかまれるようになったら、保育者がからだをひねるようにして、揺らしてみましょう。

---

## 自分でぶら下がる 発展のあそび
# ロボット

| 人数 | 年齢 |
|---|---|
| 1人〜 | 2歳〜 |

**発展ポイント** 自分の力でしがみつき、動きを楽しむ

**ここが育つ**
- 筋力 ・持久力
- 身体認識力
- 非移動系運動スキル

**ルール**
1. 子どもは、保育者の足にしっかりつかまる。
2. 保育者は、ロボットのような動きでゆっくりと歩く。

目的地を決める、横・後ろにも動いてみる等して、動きに変化をつけましょう。

0・1・2歳のあそび

ぶら下がる｜自分でぶら下がるあそび

棒

基本 自分でぶら下がるあそび　発展 ぶら下がりエレベーター／首ぶら下がり／地球まわり／おサルさん抱っこ

## 自分でぶら下がる 発展のあそび
# ぶら下がりエレベーター

人数 1人〜　年齢 2歳〜

**発展ポイント**　自分の力でぶら下がり、移動を楽しむ

**ここが育つ**
- 筋力　・持久力
- 身体認識力　・空間認知能力
- 非移動系運動スキル

**ルール**
1. 子どもの左右に保育者が立つ。
2. 保育者の手首を子どもにしっかり握らせて、言葉をかけながら、少しずつ持ち上げたり降ろしたりする。

**保育者のポイント**
「エレベーターが上がります！」「下がります！」等、必ず言葉をかけて、左右同時に動くように心がけます。

## 自分でぶら下がる 発展のあそび
# 首ぶら下がり

人数 3人〜　年齢 2歳〜

**発展ポイント**　自分の力でしがみつき、動きを楽しむ

**ここが育つ**
- 筋力　・持久力　・調整力
- 身体認識力
- 非移動系運動スキル

**ルール**
1. 保育者は、子どもと向かい合わせになってしゃがむ。
2. 子どもは、保育者の首にしっかりしがみつき、保育者はゆっくり立ち上がる。
3. 子どもを左右に揺らし、終わるときは、ゆっくりと降ろす。

**保育者のポイント**
最初は抱っこするように、子どもを支えながら立ち上がり、準備できてから「離すよ」と言葉かけをし、子どもの力でぶら下がれるかを試しましょう。

子どもは、自分の片方の手首をもう一方の手でしっかり握るようにします。

## 自分でぶら下がる 発展のあそび
# 地球まわり

人数 1人～　年齢 2歳～

**保育者のポイント**
保育者は、子どもが安全にまわりやすいように支えましょう。慣れてきたら、できるだけ自分の力でまわれるようにサポートします。

**発展ポイント**　自分の力でからだを支え、動きを楽しむ

**ここが育つ**
- 筋力　・バランス
- 空間認知能力

**ルール**
1. 保育者は、子どもを抱っこする。
2. 子どもは、抱っこされた状態からおんぶの体勢になるよう、床へ降りずに移動する。
3. 子どもは、抱っことおんぶを繰り返すようにして、保育者のからだをまわる。

★ 最初は、保育者が座った状態でチャレンジしてもよい。

---

## 自分でぶら下がる 発展のあそび
# おサルさん抱っこ

人数 3人～　年齢 2歳～

**アレンジあそび**
**おサルさん抱っこ行進**
おサルさん抱っこの状態でしばらく保てるようになったら、そのまま前に進んだり、後進したりしてみる。落ちそうになったら、動きを止めて支える。

**発展ポイント**　自分の力でしがみつき、動きを楽しむ

**ここが育つ**
- 筋力　・持久力
- 非移動系運動スキル

**ルール**
1. 保育者は、座って子どもを抱っこして、子どもはおなかのあたりに手をまわし、しっかりとしがみつく。首まわりに手をまわしてもよい。
2. 保育者は、前かがみになって両手を床につき、四つ這いの状態になる。
3. つかまっている時間を決めたり、どのくらい長くつかまっていられるかを数える。

子どもには、洋服をつかむのではなく、両手でしっかりからだをつかむように教えましょう。

0・1・2歳のあそび ／ ぶら下がる ／ 自分でぶら下がるあそび ／ 使う物なし

0・1・2歳のあそび
逆さになる

## 基本のあそび
# 逆さになるあそび

人数  1人〜
年齢 1歳4か月〜

発展　逆さまメリーゴーラウンド ▶ P59 ／ 逆さロボット ▶ P59

**ねらい**　逆さの状態に慣れ、楽しむ

**ここが育つ**
- 筋力　・調整力
- 空間認知能力
- 非移動系運動スキル

### 逆立ちぶら下がり

**ルール**

1. 子どもは四つ這いの姿勢になる。保育者は、子どもの両足首を握る。
2. 保育者は、子どもの足、腰、頭をゆっくりと上げていく。
3. 子どもが両手を床についてからだを支える体勢になったら、そこからさらに持ち上げて、ぶら下がらせる。
4. 降ろすときは、手、頭、足の順にゆっくりと床につけていく。

**注意**

**長くやりすぎない**

頭に血がのぼるので、逆さ体験に慣れていないうちは、3〜5秒程度までにしましょう。慣れてきて、喜ぶようであれば、少し長く（7〜10秒程度）挑戦してもよいでしょう。子どもの様子を見ながら行ってください。

慣れてきたら、左右や上下に少し揺らしてみましょう。

## 「逆さ」という体験がからだをより強くする

　人は普段、寝る、立つ以外の姿勢をなかなかとることがありません。でも、からだはいろいろな動きや姿勢を経験をすることでより鍛えられるもの。特に逆さや回転などはこういったあそびでしか体験できませんから、恐がり過ぎることなく、ぜひ挑戦させてみてください。

★ 関連あそび：鉄棒地球まわり（P199）

## 逆さになる 発展のあそび
# 逆さまメリーゴーラウンド

人数 1人〜　年齢 2歳〜

**発展ポイント**　逆さの状態で、まわりながら動きを楽しむ

**ここが育つ**
- 筋力
- 空間認知能力
- 非移動系運動スキル

**ルール**
1. 子どもを抱っこし、腰と背中を支えるようにして、ゆっくりと子どものからだを反らせて逆さにする。
2. 保育者は、子どもの両足をわきではさむようにしっかりと持ち、ゆっくりとまわす。

慣れてきたら、まわる速度をはやくしたり、上下に揺らしながらまわったり、まわる方向を逆にする等、動きに変化をつけましょう。

★ 先にメリーゴーラウンド（P53）で遊んでおくとよい。

---

## 逆さになる 発展のあそび
# 逆さロボット

人数 1人〜　年齢 2歳〜

**発展ポイント**　逆さの状態で、からだを支えて動きを楽しむ

**ここが育つ**
- 筋力　・調整力　・リズム
- 身体認識力
- 移動系運動スキル

**ルール**
1. 子どもを四つ這いの姿勢にさせ、両足首を持って逆さに持ち上げる。
2. 保育者の足の甲に、子どもの手を乗せる。
3. 子どもの両足首を引き上げながら歩く。

子どもがある程度、手でからだを支えられるような体勢で、両足を少し引き上げながら歩きましょう。

## 0・1・2歳のあそび 跳ぶ

### 基本のあそび
# 跳ぶあそび

人数 1人〜　年齢 1歳4か月〜

発展　支えて足とび▶P61／足とび▶P61／
足とびまわり▶P62／馬とび▶P62／
新聞ハードルとび▶P63／グー・パーとび▶P63

**ねらい**　リズムよく跳ぶ

**ここが育つ**
- 筋力　・瞬発力　・リズム
- 身体認識力
- 移動系運動スキル

## ピョンピョンあそび

**ルール**
1. 子どもと保育者は向かい合わせになり、手をつなぐ。
2. 声をかけながら、リズムよく跳べるようにする。
3. 高く跳べるように、跳ぶときは手を引き上げる。
4. 左右に跳ぶ。

**保育者のポイント**
引き上げる強さは、子どもの跳ぶ力に合わせます。音楽や、リズム楽器などを使って、大きく跳ぶ、小さく跳ぶ等の合図を決めてもよいでしょう。

ぴょん ぴょん

**アレンジあそび**

**その場でケンケンパ**
片足とびと両足とびを組み合わせて、「ケンケンパ」のリズムで跳ぶ。保育者がまず跳んで見せてから、それを子どもがまねをする、といったゲーム性をもたせるのがおすすめ。

## 跳ぶ 発展のあそび
# 支えて足とび

人数 1人〜　年齢 1歳8か月〜

**発展ポイント** 左右に跳ぶ体験を楽しむ

**ここが育つ**
- 筋力 ・瞬発力 ・バランス ・リズム
- 空間認知能力
- 移動系運動スキル

**ルール**
1. 保育者は、足を広げて座り、子どもは、保育者の足の間に立つ。
2. 子どもの両わきを抱え、「1、2、3！」とリズムをつけて持ち上げて、足を跳び越えさせる。

**保育者のポイント**
なるべく子どもが足を伸ばすタイミングに合わせて持ち上げることで、跳ぶ感覚に慣れることができます。

サポートしながら、その場でぴょんぴょん跳んだり、足を跳び越えさせたりを試してみましょう。

---

## 跳ぶ 発展のあそび
# 足とび

人数 1人〜　年齢 1歳8か月〜

**発展ポイント** 自分の力で左右に跳ぶ

**ここが育つ**
- 筋力 ・瞬発力 ・バランス ・リズム
- 空間認知能力
- 移動系運動スキル

**ルール**
1. 保育者は足を広げて座り、子どもは保育者の足の間に立つ。
2. 「1、2、3！」と声をかけ、子どもはリズムよく保育者の足を跳び越える。

**保育者のポイント**
最初は手を持って行い、慣れてきたら、手を離して、リズムを少しずつはやくしていきましょう。

0・1・2歳のあそび / 跳ぶ / 跳ぶあそび / 使う物なし

基本 跳ぶあそび　発展 足とびまわり ／ 馬とび ／ 新聞ハードルとび ／ グー・パーとび

## 跳ぶ 発展のあそび
# 足とびまわり

人数 1人～　年齢 1歳8か月～

慣れてきたら、いろいろな跳び方に挑戦してみましょう。
・片足とび
・横とび
・後ろとび

**発展ポイント** 自分の力でコントロールしながら跳ぶ

**ここが育つ**
・筋力 ・瞬発力 ・リズム ・敏捷性
・空間認知能力
・移動系運動スキル

**ルール**
1. 保育者は足を広げて座り、子どもは保育者の足の横に立つ。
2. 子どもは、保育者の足の上を跳び越して、保育者のからだの後ろをまわる。

## 跳ぶ 発展のあそび
# 馬とび

人数 1人～　年齢 2歳～

慣れてきたら、リズムをはやくして跳んでみましょう。また、保育者も馬を高くしていきましょう。

**発展ポイント** 自分の力でコントロールしながら跳ぶ

**ここが育つ**
・筋力 ・瞬発力 ・巧緻性 ・リズム
・身体認識力 ・空間認知能力
・移動系運動スキル

**ルール**
1. 保育者は四つ這いの姿勢になり、子どもは横に立つ。
2. 子どもは保育者の腰に手をつき、手を軸にして反対側に跳ぶ。
3. 少しずつ高く跳ぶ。

## 跳ぶ 発展のあそび
# 新聞ハードルとび

人数 1人〜　年齢 2歳〜　使う物 新聞紙

**アレンジあそび**
**新聞とんでくぐって**
子どもが跳び越えたら、新聞紙を上げて、その下を子どもがくぐる。跳ぶ・くぐるをリズムよく繰り返す。

**発展ポイント** 自分の力でコントロールしながら跳ぶ

**ここが育つ**
・筋力 ・瞬発力 ・調整力 ・リズム
・身体認識力 ・空間認知能力
・移動系運動スキル

**ルール**
1. 新聞紙を横長になるように半分に折り、両端を保育者が持つ。
2. 新聞紙の上を子どもがまたぎ越したり、跳び越えたりする。
3. 少しずつ高さを上げる。

---

## 跳ぶ 発展のあそび
# グー・パーとび

人数 3人〜　年齢 2歳〜

慣れてきたら、子どもは保育者に背を向け、かけ声を合図のみで跳んでみましょう。

**発展ポイント** 足の形を変えながらすばやく跳ぶ

**ここが育つ**
・筋力 ・瞬発力 ・バランス ・リズム
・身体認識力 ・空間認知能力
・平衡系運動スキル

**ルール**
1. 保育者は足を広げて座り、子どもは保育者の足の間に立つ（グー）。
2. 保育者が足を閉じると、子どもは保育者の足を跳んで立つ（パー）。
3. 「グー」と「パー」をリズムよく声をかけながら、繰り返す。

## 0・1・2歳のあそび
歩く・バランスをとる

### 基本のあそび
# 歩くバランスあそび

人数  1人〜
年齢  1歳4か月〜
使う物  バスタオル

発展  ペンギン歩き▶P65／ロボット歩き▶P65

**ねらい**　不安定な場所でバランスをとりながら歩く

**ここが育つ**
- 筋力　・バランス　・巧緻性
- 空間認知能力
- 平衡系運動スキル

### バランス歩き
**ルール**
1. バスタオルを細長くなるように折り、床に置く。
2. 子どもと手をつなぎ、タオルの上から落ちないで歩くように促す。

**保育者のポイント**
慣れてきたら、途中で手を離し、子どもが1人で歩くように促してみましょう。平均台で遊ぶ前の練習としてもおすすめです。

## 身近なものを使ってかんたんバランス歩き

平均台が必要と考える方も多いようですが、歩くルートがわかるものや、少しでも高さがあるものなら何でも構いません。ロープの上を歩いたり、砂場の縁を平均台に見立てて歩いたりしてもいいでしょう。柔軟な発想で、身のまわりにあるものを活用してみてください。

 保育園の先生より

### バランスあそびで身のこなしが上手になる

園では、牛乳パックの中に新聞紙を詰めて、その上を歩くあそびをしています。牛乳パックの平均台はふわふわしているので、ちょっと不安定です。落ちたり、転んだりすることもありますが、そこで手をついたり、落ちないようにバランスをとったりと、身のこなしが上手になっていきます。（保育園／山梨）

★ 関連あそび：平均台を渡るあそび（P156〜）

## 歩くバランス 発展のあそび
# ペンギン歩き

人数 1人～　年齢 1歳4か月～

**発展ポイント**　バランスをとりながら、タイミングを合わせて歩く

**ここが育つ**
- 筋力　・バランス　・リズム
- 身体認識力
- 移動系運動スキル

**ルール**
1. 子どもと保育者は、向かい合って両手を握る。
2. 子どもは、足を保育者の足の甲に乗せる。
3. かけ声をかけながら、タイミングを合わせていっしょに歩く。

**保育者のポイント**
「1、2、1、2」と、リズムよく声をかけながら進みましょう。

慣れてきたら、いろいろな歩き方に挑戦してみましょう。
・歩幅を広げる
・足を高く上げる
・前後左右、いろいろな方向に歩く

---

## 歩くバランス 発展のあそび
# ロボット歩き

人数 1人～　年齢 1歳8か月～

**発展ポイント**　バランスをとりながら、落ちないようにタイミングを合わせて歩く

**ここが育つ**
- 筋力　・バランス　・リズム
- 空間認知能力
- 移動系運動スキル

**ルール**
1. 子どもと保育者は、同じ方向を向く。
2. 子どもは、足を保育者の足の甲に乗せ、保育者と手を握る。
3. かけ声をかけながら、タイミングを合わせて2人いっしょに歩く。

**保育者のポイント**
一番のポイントはロボットになりきること。「ガシャーン！ガシャーン！」と言いながら進みましょう。ときどきわざと止まったり、歩幅を大きくしたり、足を高く上げたり、前後左右、いろいろな方向に歩きます。

子どもがパイロットの役になって「トイレに出発！」「ドアまで行こう！」等と、目的地を決めてもよいでしょう。

0・1・2歳のあそび／歩く・バランスをとる／歩くバランスあそび／バスタオル

## 0・1・2歳のあそび
転がる・転がす

### 基本のあそび
# 転がるあそび

| 人数 | 年齢 | 使う物 |
|---|---|---|
| 1人〜 | 1歳4か月〜 | マット |

**発展** 転がれ！ダンゴムシ ▶ P67 ／ ローラー競争 ▶ P67 ／ でんぐり返し ▶ P68 ／ ひざの上で前まわり ▶ P69 ／ からだで逆あがり ▶ P69

**ねらい** 自分の力でからだを回転させる

**ここが育つ**
- 筋力 ・巧緻性
- 身体認識力 ・空間認知能力
- 移動系運動スキル

### やきいもゴロゴロ

**ルール**
1. 子どもはマットや布団など、クッション性のあるものの上で仰向けに寝て、両手を伸ばす。
2. 保育者は、子どもの両足首を握って、軽くねじるようにして回転させる。
3. 転がり方を覚えたら、子どもが自分の力で転がってみる。

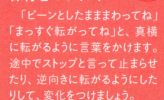

**保育者のポイント**
「ピーンとしたまままわってね」「まっすぐ転がってね」と、真横に転がるように言葉をかけます。途中でストップと言って止まらせたり、逆向きに転がるようにしたりして、変化をつけましょう。

## スピーディな視界に子どもは大はしゃぎ

転がるあそびは、最初は恐がる子もいるでしょう。でも、視界がものすごいスピードで変わっていくおもしろさに、すぐに夢中になるはず。視界、そして、筋力の使い方も、普段の生活の中でなかなかできない経験ですから、刺激もたくさん。徐々にうまく転がれるようになり、子どもはとても喜びます。

★ 関連あそび：マットで転がるあそび（P120〜）

## 転がる 発展のあそび
# 転がれ！ダンゴムシ

人数 1人〜　年齢 1歳4か月〜

**保育者のポイント**
最初は合図で丸くなることからはじめましょう。慣れたら、言葉かけのタイミングのスピードを上げます。

「人が来た」

**発展ポイント**　ダンゴムシをイメージして転がる

**ここが育つ**
- 筋力　・瞬発力
- 身体認識力
- 移動系運動スキル

ダンゴムシの他に、どんぐり、おむすび、ボール等、転がるものを子どもたちが考え、お題を決めるのもよいでしょう。

**ルール**
1. 保育者の「人が来た！」と言う合図で、子どもは立った状態からダンゴムシをイメージして床に丸くなる。
2. 「逃げるよ！」の言葉で、丸くなったまま、転がって移動する。
3. 「もう大丈夫だよ」の合図で、子どもは立つ。1〜3を繰り返す。

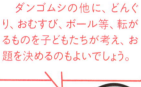

---

## 転がる 発展のあそび
# ローラー競争

人数 1人〜　年齢 1歳8か月〜　使う物 マット等

1人では動かせない大きさのものを用意しましょう。

1人ではなく、複数で協力して転がしながら移動するあそびにすると、協調性や団結力が育まれます。

**発展ポイント**　友だちと協力して大きなものを転がす

**ここが育つ**
- 筋力　・瞬発力　・調整力
- 空間認知能力
- 移動系運動スキル
- 操作系運動スキル

**ルール**
1. いくつかにチームをわける。
2. マットや大きなボール等を友だちと協力して転がす。
3. 目的地まではやく転がしたチームが勝ち。

「うんしょ！」　「よいしょ！」

★ 子どもが転がしやすいように、マットは必要に応じてひもで結んでおくとよい。

0・1・2歳のあそび／転がる・転がす／転がるあそび／マット

基本 転がるあそび　発展 でんぐり返し／ひざの上で前まわり／からだで逆あがり

## 転がる 発展のあそび
# でんぐり返し

人数  1人～
年齢  1歳4か月～

**発展ポイント** 支えてもらいながら前まわりをする

**ここが育つ**
- 筋力 ・柔軟性 ・巧緻性
- 身体認識力
- 移動系運動スキル

**ルール**
1. 子どもは四つ這いの姿勢になり、保育者は片手で子どものおなかのあたりを支え、もう片方の手は両足首を握る。
2. 足を持った手を引き上げ、片手で頭を支えながら、おなか側に入れ、前まわりをさせる。
3. 腰まで床に着いたら、足から手を離す。

**保育者のポイント**
倒立の姿勢のときに、頭を手で支えてから、背中を丸めるよう促します。

**アレンジあそび**

### 腕立てでんぐり返し
子どもを腕立て伏せの状態にして、足首をしっかり持って引き上げる。その際、腕は曲げずにピンと伸ばしたままにする。倒立の姿勢になったら、背中を丸めるようにし、頭の後ろを補助して前まわりをさせる。

★ 関連あそび：前転（P122）

## 転がる 発展のあそび
# ひざの上で前まわり

人数 1人〜　年齢 1歳8か月〜

**アレンジあそび**
ひざ上でゴロゴロ
保育者は同じ姿勢で、子どもはひざの上に真横に寝そべって、足の上を転がる。

**発展ポイント**　支えてもらいながら前まわりをする

**ここが育つ**
・筋力 ・巧緻性 ・柔軟性
・身体認識力 ・空間認知能力
・移動系運動スキル

**ルール**
1. 保育者は両足を伸ばし、子どもはひざにまたいで座る。
2. 子どもの後頭部を支え、足の上から落ちないように前まわりをさせる。

**保育者のポイント**
子どもがまわりやすくなるコツ。
・保育者はつま先を伸ばし、足を少し開く
・保育者が座布団に座って傾斜をつける
・子どもにあごを引いておへそを見るように伝える

---

## 転がる 発展のあそび
# からだで逆あがり

人数 1人〜　年齢 1歳8か月〜

**発展ポイント**　大人のからだを支えにして、逆あがりをする

**ここが育つ**
・筋力 ・柔軟性 ・巧緻性
・身体認識力 ・空間認知能力
・非移動系運動スキル

**ルール**
1. 子どもと保育者は、向かい合って手をつなぐ。
2. 子どもは、保育者のひざに足をかけ、からだを上がっていく。
3. 頭と足が逆さになったら、くるりとまわって着地する。

クルッ！

0・1・2歳のあそび

転がる・転がす　転がるあそび

使う物なし

## 0・1・2歳のあそび 押す・引く

### 基本のあそび
# 押したり引いたりするあそび

人数 1人〜　年齢 1歳4か月〜

発展　丸太転がし ▶ P71 ／ ボートこぎ ▶ P71

**ねらい**　力いっぱい押したり、引いたりして、足を倒そうとする

**ここが育つ**
- 筋力　・瞬発力　・持久力
- 身体認識力　・空間認知能力
- 非移動系運動スキル

### 力だめし

**ルール**
1. 保育者は、仰向けに寝て、両手を広げて支えながら、両足を垂直に立てる。
2. 子どもは保育者の足を倒す。

倒せるかな？
力いっぱい押してごらん！

**保育者のポイント**
- 力の弱い子には…
　子どもが力いっぱい押したら、倒れましょう。繰り返して慣れてきたら、倒れないように踏ん張ります。
- 力の強い子には…
　しっかりと支えていないと、すぐに倒されてしまいます。5や10数えるうちに、と時間を決めてもいいでしょう。

### こんなときどうする？ Q&A

**Q** 子どもとの力の駆け引きが難しく加減がわかりません

**A** 子どもとの駆け引きには、「架空の緊急事態」を意識してください。「たいへん！」「もうちょっと！」「あぶない！」等、真剣勝負のようにやりとりすると、子どもたちも必死になり、思いきり力を出します。これは、自律神経にとてもよい影響を与えます。また、次につなげるために、最後は負けてあげるというのもひとつの手です。

## 押したり引いたり 発展のあそび
# 丸太転がし

- **人数** 1人〜
- **年齢** 1歳8か月〜

**保育者のポイント**
「大きな丸太、転がるかな?」「力いっぱい押してごらん」と、言葉かけをして、一生懸命に押すように促します。

力のない子には、複数で押し合うようにさせてもよいでしょう。ここまで転がそう、とゴールを決めると、目標をもってがんばることができます。

**発展ポイント** 力いっぱい押して重たい物を動かす

**ここが育つ**
- 筋力 ・瞬発力 ・持久力
- 身体認識力
- 非移動系運動スキル

**ルール**
1. 保育者は横向きに寝転ぶ。
2. 子どもは、保育者を押して転がす。保育者は、転がりにくいように力を入れる。

---

## 押したり引いたり 発展のあそび
# ボートこぎ

- **人数** 1人〜
- **年齢** 1歳8か月〜
- **使う物** 棒(ラップの芯など)

\ ギッコン! バッタン! /

慣れてきたら、こぐスピードをはやくしたり、わざと力を入れたりして抵抗を加えると、子どもの筋力がつきます。

**発展ポイント** 相手の動きに合わせて押したり引いたりする

**ここが育つ**
- 筋力 ・持久力 ・柔軟性
- 身体認識力
- 操作系運動スキル

**ルール**
1. 保育者は、足を少し広げて座り、その足の間に、子どもは向かい合って座る。
2. 2人で棒を握り、「ギッコン、バッタン」「1、2」等のかけ声で、からだを前後に倒す。

0・1・2歳のあそび

押す・引く

押したり引いたりするあそび

棒(ラップの芯など)

## 0・1・2歳のあそび
すばやく反応する

### 基本のあそび
# ふれあいゲーム

人数  1人〜
年齢  2歳〜

発展　おしりたたきゲーム ▶ P73 ／ ジャンケン足踏み ▶ P74 ／ しゃがみずもう ▶ P75

**ねらい**　与えられたお題に合わせてからだを動かす

**ここが育つ**　•筋力　•瞬発力　•持久力　•敏捷性　•巧緻性　•身体認識力

### パチパチ・トントンあそび

**ルール**
1. 子どもと保育者は、向かい合って立つ。
2. 「パチパチ、トントン、パチパチ、トントン、あくしゅ、あくしゅ」と言いながら、手あそびをする。
3. その後に、「片足バランス10秒」「先生のまわりを2周」などのお題を出し、子どもはそれに合わせてからだを動かす。

**パチパチ**　手拍子を2回する

**トントン**　相手と手を2回合わせる

**あくしゅ**　相手と握手をする

**保育者のポイント**
なるべく様々な動きを取り入れましょう。思いがけないお題を出すと、子どもは喜びます。お題は保育者もいっしょに行ってもよいでしょう。「パチパチ、トントン」を4回繰り返すとお題を考える時間を延ばせます。
- 壁にタッチして戻ってくる
- 2人でバランス
- 2人で1回転→2回転
- 手押し車で部屋を1周

**お題の例**

**片足バランス10秒**

**先生のまわりを2周**

**バレリーナ**

ふれあいゲーム 発展のあそび
# おしりたたきゲーム

人数 1人～
年齢 2歳～

**発展ポイント** 状況に応じてすばやく動く

**ここが育つ**
- 瞬発力 ・敏捷性 ・巧緻性 ・スピード
- 身体認識力 ・空間認知能力
- 移動系運動スキル

**ルール**
1. 子どもと保育者は向かい合い、左手をつなぐ。
2. お互いに、右手で相手のおしりをたたこうとする。また、自分のおしりをたたかれないように逃げる。
3. 先におしりをたたいたほうが勝ち。

**保育者のポイント**
相手を自分のほうに引き寄せると、たたきやすくなることを伝えましょう。また、保育者は子どもの手を急に引っ張らないように気をつけましょう。

手をつなぐ代わりに、タオルの両端を持って行うと、動ける範囲が広くなって運動量が増えます。慣れたら、つなぐ手を変えてみましょう。

**アレンジあそび**
**しっぽとり**
タオルやハンカチ等をしっぽとして、ズボンにはさんで行う。相手のしっぽをつかんで取ったほうが勝ち。

0・1・2歳のあそび

すばやく反応する ふれあいゲーム

使う物なし

| 基本 | ふれあいゲーム | 発展 | ジャンケン足踏み／しゃがみずもう |

## ふれあいゲーム 発展のあそび
# ジャンケン足踏み

人数 1人～　　年齢 2歳～

**発展ポイント** 状況に応じて、すばやく反応して動く

**ここが育つ**
- 瞬発力 ・敏捷性 ・巧緻性 ・スピード
- 身体認識力 ・空間認知能力
- 移動系運動スキル

**ルール**
1. 子どもと保育者は向かい合い、両手をつなぐ。
2. 足でジャンケンをする。
3. 勝ったほうは、負けたほうの足を踏もうとする。負けたほうは、足を踏まれないように、跳びはねながら逃げる。

**グー**
両足を揃えて立つ

**チョキ**
足を前後にずらして立つ

**パー**
両足を広げて立つ

**保育者のポイント**
「ジャンケンポン」のかけ声は、子どもといっしょに言ってリズムよく行います。ジャンケンに慣れるまでは、足ジャンケンだけを繰り返し行ってみましょう。

**アレンジあそび**

**顔ジャンケン足踏み**
向かい合って両手をつないで立ち、表情でジャンケンをしてから、足を踏む。
グー：ほっぺをふくらませる
チョキ：口をとがらせる
パー：口を大きく開ける

## ふれあいゲーム　発展のあそび
# しゃがみずもう

人数　1人〜
年齢　2歳〜

**発展ポイント**　押し合いながら倒れないようにする

**ここが育つ**
- 筋力　・瞬発力　・巧緻性　・敏捷性
- 身体認識力　・空間認知能力
- 平衡系運動スキル

**ルール**
1. 子どもと保育者は、向かい合ってしゃがむ。
2. お互いの手のひらを合わせて、押し合う。
3. 押し倒されたり、手が床についたり、足の位置が動いたほうの負け。

### 幼稚園の先生より

**ふれあいあそびからはじまると異年齢でもすぐに仲良しに**

　中学生が授業の一環で園を訪問し、幼児と遊んだときの話です。以前は、中学生がおもちゃをつくってきて、ボウリングや的当て等をしていましたが、数年前から、ふれあいあそびにしてみたところ、これが大当たり。これまでは打ち解けるまでに時間がかかっていたのに、手をタッチすることからはじめていくと、お互い恐がることなく、年少さんもすぐに笑顔になるんです。その笑顔を見て、ポケットに手を突っ込んでいた中学生も張り切り出したりする。そうなってしまえば、保育者がお膳立てしなくても、園の中で夢中になって遊んでくれます。物を介するよりも、からだで遊ぶほうが、気持ちがほぐれてその子らしさが自然に出せるようです。ふれあいあそびは、保育者と子ども、親子間だけでなく、あらゆる異年齢交流にとても役立ちます。（幼稚園／齋藤）

> 土俵のラインを丸く描いて、その中で両足跳びで動きまわりながら押し合うと、運動量が増えます。

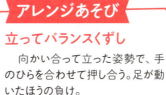

**アレンジあそび**
**立ってバランスくずし**
　向かい合って立った姿勢で、手のひらを合わせて押し合う。足が動いたほうの負け。

> チームをわけて、勝ち抜き戦の大会にしても盛り上がります。

0・1・2歳のあそび／すばやく反応する／ふれあいゲーム／使う物なし

0・1・2歳のあそび
投げる・受ける

基本のあそび
# 風船あそび

| 人数 | 年齢 | 使う物 |
|---|---|---|
| 1人〜 | 1歳4か月〜 | 風船 |

発展　風船転がし▶P77 ／ 風船かご入れ▶P77 ／ ジャンプ＆タッチ▶P78 ／ 座って風船キャッチ▶P78 ／ 風船つき▶P79 ／ 風船浮かし▶P79

 ねらい　風船を持って落とさないように運ぶ

ここが育つ
- 協応性　・巧緻性
- 身体認識力
- 操作系運動スキル　・移動系運動スキル

## 風船運び

**ルール**
1. 風船を少し離れた場所にいくつか置く。
2. 「よーい、ドン！」の合図で、子どもは風船を取りにいき、持ってもどってくる。
3. 風船は、保育者が受け取る。

様々な大きさの風船を用意して遊んでみましょう。
・小さな風船
　小さいほど操作するのが難しいので、操作系運動スキルを育みます。
・大きな風船
　打つ、投げる等の操作は、大きいほうが簡単です。しかし、大きく膨らませると割れやすくなりますから、注意してください。

最初は1つ運び、慣れてきたら、一度にいくつ風船を持ってもどれるか、チャレンジしてみましょう。

★ かごや入れ物を用意して、そこに入れてもよい。

## 小さな子どものあそびにこれほど最適なものはない

　はっきりした色で、どこにあるかわかりやすい。動きがゆっくりだから、追いかけやすく、とらえやすい。あたっても痛くない。小さな子どもの操作系運動として、風船あそびはとてもよい選択です。ただし、割れるとびっくりしてしまうので、扱いには注意しましょう。

## 風船 発展のあそび
# 風船転がし

| 人数 | 年齢 | 使う物 |
|---|---|---|
| 1人〜 | 1歳8か月〜 | 風船・うちわ・棒 等 |

> 何人かで同時にスタートし、はやさを競ってもよいでしょう。思うような方向に転がらなくても、手は使わないようにします。

**発展ポイント** 風船の動きをコントロールしながら運ぶ

**ここが育つ**
- 筋力 ・協応性
- 身体認識力 ・空間認知能力
- 操作系運動スキル ・移動系運動スキル

**ルール**
1. 風船を床に置き、ゴールを決める。
2. ゴールに向かって、うちわをあおいだり、新聞紙でつくった棒で押しながら、風船を転がす。

---

## 風船 発展のあそび
# 風船かご入れ

| 人数 | 年齢 | 使う物 |
|---|---|---|
| 1人〜 | 1歳8か月〜 | 風船・かご |

> たくさん風船を用意しておきましょう。かごの位置を遠くする、または、高くすると、難易度が上がります。

**発展ポイント** 風船を目標に向かって投げる

**ここが育つ**
- 筋力 ・協応性
- 空間認知能力
- 操作系運動スキル

**ルール**
1. かごを置く位置と、風船を投げる位置を決める。
2. 風船がかごに入るように投げる。

★ チームをわけて玉入れのように入れた数を競ってもよい。

0・1・2歳のあそび / 投げる・受ける / 風船あそび / 風船・うちわ・棒・かご

基本 風船あそび 発展 ジャンプ&タッチ ／ 座って風船キャッチ ／ 風船つき ／ 風船浮かし

## 風船 発展のあそび
# ジャンプ&タッチ

| 人数 | 年齢 | 使う物 |
|---|---|---|
| 1人～ | 1歳8か月～ | 風船 |

**発展ポイント** 風船を目標にして、ジャンプする

**ここが育つ**
- 筋力 ・瞬発力
- 空間認知能力
- 移動系運動スキル

**ルール**
1. 子どもと保育者は向かい合って立ち、保育者は両手で風船を持って子どものほうに伸ばす。
2. 子どもは、ジャンプして風船をタッチする。

**保育者のポイント**
「ジャンプして、ターッチ!」と言葉かけをして、タイミングよくジャンプできるようサポートします。

ジャンプするときは一度しゃがんでから勢いよくジャンプするように促してみましょう。

## 風船 発展のあそび
# 座って風船キャッチ

| 人数 | 年齢 | 使う物 |
|---|---|---|
| 1人～ | 1歳8か月～ | 風船 |

**発展ポイント** 風船をコントロールして投げる、受ける

**ここが育つ**
- 協応性 ・巧緻性
- 身体認識力 ・空間認知能力
- 操作系運動スキル

**ルール**
1. 子どもと保育者は、向かい合って座る。
2. お互いに風船を投げて、キャッチする、を繰り返す。

最初は近づいて座り、風船の受け渡しから行うとよいでしょう。慣れてきたら、少しずつ距離を伸ばしていきます。

## 風船 発展のあそび
# 風船つき

| 人数 | 年齢 | 使う物 |
|---|---|---|
| 1人〜 | 1歳8か月〜 | 風船 |

**保育者のポイント**
子どもがつきやすい方向に風船をつくようにしましょう。

**発展ポイント** 風船の動きに合わせてつく

**ここが育つ**
- 筋力 ・協応性
- 操作系運動スキル ・移動系運動スキル

**ルール**
1. 子どもと保育者は向かい合って立つ。
2. 風船が地面に落ちないように、つき合う。

**広い場所で行う**
子どもは風船だけを目で追うので、周囲に危険なものがない場所で行いましょう。

---

## 風船 発展のあそび
# 風船浮かし

| 人数 | 年齢 | 使う物 |
|---|---|---|
| 2人〜 | 2歳〜 | 風船・うちわ |

**保育者のポイント**
子どもたちは風船に夢中になり過ぎて、ぶつかってしまうことがあります。
・時間を区切る
・たまに風船を高くする
等のサポートで、子どもの気持ちが落ちつく時間をつくりましょう。

パタパタ

**発展ポイント** 風船の動きに合わせてうちわをあおいで、空中に浮かす

**ここが育つ**
- 筋力 ・協応性 ・巧緻性
- 空間認知能力
- 操作系運動スキル ・移動系運動スキル

**ルール**
1. 各自、うちわを手に持つ。
2. 風船を投げ、風船が地面に落ちないようにうちわであおぐ。

---

0・1・2歳のあそび / 投げる・受ける / 風船あそび / 風船・うちわ

## 子どもを思いきり遊ばせるために
# 保護者としっかりつながろう

### 保育園の先生より

#### 小さなけがを受け入れられる信頼関係を築きましょう

　入園時に、保護者にしっかり説明することがとても大切です。運動あそびをたくさんすると、必ずけがの可能性が出てきます。子どもたちはけがをして、痛さをわかって、はじめて自分はどう動けばいいかを考えます。例えば、ジャングルジムの1段目から落ちた子が、高いところでは絶対に手を離さなくなるように。小さなけがや事故の経験が多ければ多いほど、大きなけがをしにくくなります。子どもの「たくましさ」とは、たくさん遊んで、痛みも経験するからこそのもの。なぜ運動あそびが必要か、なぜ小さなけがの経験が勲章であるのか、わかりやすいよう具体的な例も挙げながら、あらかじめ保護者に伝えることを忘れてはいけません。

　そして入園時の説明だけではなく、日々のやりとりにおける信頼関係も、自由な運動あそびの土台づくりに欠かせません。挨拶、ポジティブな言葉かけ、話を聞くこと、アイコンタクト等、ささいなことでも保育者が子どもをどれだけ大事に思っているかは伝わります。子どもが大好きな先生は、保護者も大好き。話をよく聞いてくれる、子どもをしっかり見てくれると保護者が感じれば、たとえけがをしたとしても、「これくらいのけがなら大丈夫」と、自然と思ってくれるはずです。（山梨みほ）

### 体育指導の先生より

#### 子どもは転ぶもの　過保護になり過ぎないで

　子どもは頭が大きいため、4頭身、5頭身しかありません。バランスが取りにくく、常に転びやすい状態です。「うちの園では、事故がゼロなんです」とおっしゃる園長先生がいますが、それは本当に誇らしいことなんでしょうか。運動をさせることなく、テレビやビデオを見せていれば、当然事故はゼロです。でも、それでは子どもの身体能力は発達せず、かえって園以外でけがをすることが増えるでしょう。

　子どもが遊べば、事故やけがは必ずあります。小さな擦り傷や打撲ですむということは、転ぶときにちゃんと手がつけたということ。手がつけない子どもは、頭から落ちるため、骨折のような大けがをします。もちろん、事故を起こしてもいいとは言いません。遊ぶ際に安全面に配慮することは、保育者の義務です。ただリスクを一切排除するのは、間違った選択だと言えるでしょう。けがに怯え、過保護になり過ぎないこと。そして、保育者だけではなく、保護者にも「小さなけがはあるもの」という共通の認識をもってもらうことが必要です。人は守られ過ぎると、弱い生きものになります。危険と対峙する力も、子どもたちが磨くべき能力のひとつなのです。（小石浩一）

# 3・4・5歳のあそび

移動する運動
→P85〜

バランスをとる運動
→P145〜

操作する運動
→P161〜

その場でする運動
→P193〜

組み合わせの運動
→P209〜

3歳を過ぎると、心とからだの成長とともに、全身を動かす
あそびが存分にできるようになります。だからこそ、
様々な運動あそびをバランスよく取り組ませることが大切です。
あそびのバランスを偏りなくするために、
4つの運動スキル（P8〜11）別にご紹介しましょう。

くま歩き

ボールの赤ちゃん

ぶらさがりダンス

バランスけんけん

# 運動をする前に

運動を安全に、そして、効率的に楽しむためには、準備運動が大切です。筋肉の緊張をほぐし、関節を動かすことによって血液の流れがよくなり、体温が高まります。幼児にとっては、決まった運動を行うことで、気持ちが落ち着く効果もあります。ここでは、準備運動におすすめの動きをご紹介します。

## 腕の運動

### 屈伸運動
ボールを持ったり、鉄棒にぶら下がったりすると、上半身の曲げ伸ばしが子どもにもわかりやすくなります。

### 挙振運動
腕を横や斜め上、前から上、片腕交互など、リズムよく振ります。振りはじめは強く、もどすときは力を抜いて自然に振ります。

### 回旋運動
腕のつけ根を中心に、大きな円を描くようにまわします。はやく、もしくは遅く、スピードに変化をつけてまわしましょう。

## 足の運動

### 屈伸運動
かかとを床につけ、両手は両ひざから離れないようにして、ひざの曲げ伸ばしの運動をします。両ひざを手のひらで十分に押して、伸ばすようにします。

### 前後に振り上げる
足を前後にはずみをつけて振り上げます。バランスがとりにくい子には、手を支えたり、腰を持ったりしましょう。

### 左右に振り上げる
足を左右にはずみをつけて振り上げます。バランスがとりにくい子は、壁やイスにつかまらせたり、2人で支えながら行ったりするようにしましょう。

### ジャンプする
両足もしくは片足で、工夫して跳びます。ボールがはずむように、リズムよく跳びましょう。

### 前後に開く
バランスをとりながら、足を前後に開きます。徐々に広げていきましょう。

### 左右に開く
ひざを曲げないように、足を左右に大きく開き、足を十分に伸ばします。

## 首の運動

### 前後に曲げる
首が前後に十分に曲がるように、天井や床のここを見る、というように目印を伝えるとわかりやすくなります。

### 左右に曲げる
肩の力を抜き、首を左右に曲げます。

### 左右にひねる
背筋をまっすぐにしたままで、顔を左右に向けます。

### 回旋(かいせん)する
肩の力を抜き、目は開けたままで、首をゆっくり大きくまわします。1周したら、反対まわしをします。

## 胸の運動

### 前から左右に開く
足を肩幅に開き、腕を前に出して、胸を張るように左右に開きます。腕は肩の高さから下がらないようにします。開く、閉じる動きを繰り返します。

### 前から斜め上に上げる
足を肩幅に開き、あごを少し前に出し、顔はやや上向きの状態にします。腕を前に出してから斜め上に上げ、元にもどします。この動作を繰り返します。

### 横から上に上げる
足を肩幅に開き、両手を肩の位置まで横に上げ、ひじが曲がらないよう、頭の上に上げます。ゆっくり元にもどし、上げ下げを繰り返します。

### 足の屈伸(くっしん)をしながら腕を左右に開く
足の曲げ伸ばしと、腕を左右に開く動きを同時に行います。足を伸ばしたときに腕を左右に開くようにします。

## 体側（たいそく）の運動

### からだを左右に曲げる
上体が前かがみにならないようにして、腕のつけ根が耳に触れるように腕を上げ、わきを伸ばすように曲げます。

### 2人組で引っぱり合う（道具を使ってもよい）
2人で手をつなぎ、タイミングを合わせて適度な力で引っぱり合います。タオルやフラフープの両端を持って引っぱり合ってもよいでしょう。

## 背腹（せはら）の運動

### 上体を前後に曲げる
はずみをつけて、上体を前後に曲げます。上体を前に曲げるときはひざを伸ばし、後ろに曲げるときはひざを軽く曲げます。開脚と閉脚両方で行います。

### 上体を左右に曲げる
足を肩幅に開き、手を腰において上体を左右に曲げます。その際、前かがみにならないようにします。

### ブリッジをする
仰向けの姿勢から、両手・両足を床につけ、腰を上げてからだをそらします。手と足の距離をできるだけ短くし、おなかの位置を高くしましょう。

## 胴体の運動

### からだを左右にまわす
足を肩幅に開き、両足のかかとをしっかり床につけて、はずみをつけてからだを左右にひねります。

### からだを回旋（かいせん）する
大きな岩を持っているイメージで、腕を大きく振り、その反動を利用してからだをまわします。最初はゆっくり、しだいにはずみをつけてリズムよくまわします。

# 移動する運動
（移動系運動スキル）

走る、跳ぶ、転がる、すべるといった「移動する動き」は、多くのあそびに含まれています。よりはやく、遠くに移動することは、それだけで心おどる体験であり、繰り返すことで様々な身体機能を高めていきます。ゲームや競争で楽しく遊べるものを中心にご紹介します。

そろそろ歩き

前転

回転ジャンプ

すべり台

登山をしよう！

## 移動する運動
這う・歩く・くぐる

## 基本のあそび
# 這う・歩くあそび

人数 1人〜　年齢 2歳〜

発展　そろそろ歩き▶P88 ／ 新聞紙くぐり▶P88 ／ ゴムひもくぐり▶P89 ／ 動物になってボール運び▶P89

**ねらい**　這う・歩く動きで移動を楽しむ

**ここが育つ**
- 筋力　・巧緻性　・リズム
- 身体認識力
- 移動系運動スキル

**ルール**
1. 動物のまねをしながら、前・横・後ろに這ったり歩いたりする。
2. 動きや泣き声など、アイディアを出し合いながら、みんなで歩いてみる。

前に這う・歩く

### イヌ歩き
手と両ひざを床につけて、前に這う・歩く。走るときは、手足を揃える。

### ゾウ歩き
片手を鼻にして動かしながら、ゆっくり歩く。

### クマ歩き
ひざは床につけずに、手足を床につけて前に歩く。

クマ歩きは、マット運動の練習にも効果的です。腕、足、肩、体幹が鍛えられ、床への手のつき方、ひじの使い方に慣れることができます。（P120〜）

★ イヌ、クマ、ゾウの形で前歩きをした後は、そのまま後ろに歩いてみよう。

### アレンジあそび

#### 手つなぎ歩き
友だちと手をつないでいっしょに歩く。部屋を1周する、歩幅を揃える、3人で手をつなぐ等、少しずつ課題を変えながら楽しむのもおすすめ。

#### リズム歩き
手拍子をしたり、楽器を鳴らしたり、音楽をかけたりして、リズムやテンポに合わせて歩く。リズムを止めたときは立ち止まれるかを試してみる。

### 横に歩く

#### カニ歩き
両手でハサミをつくり、しゃがんで横に歩く。

### 後ろに歩く

#### 忍者歩き
すり足（足の裏を地面から離さずに歩く）でゆっくり後ろに歩く。

## 歩くことがすべての運動の基本

子どもたちの歩く量が、昭和60年頃と比べて半分ほどに激減しているのを知っていますか？ 歩く量は、体力の目安。つまり歩かないことで、あらゆる運動に必要な基礎能力まで衰えていることになります。歩くことは、道具も必要なく、いつでもどこでも、今すぐにできる運動です。向きやはやさを変えたり、動物のまねをしたり、アレンジも自在です。「歩く」は運動の基本と認識して、たくさん取り入れていきましょう。

基本 這う・歩くあそび　発展 そろそろ歩き ／ 新聞紙くぐり ／ ゴムひもくぐり ／ 動物になってボール運び

## 這う・歩く 発展のあそび
# そろそろ歩き

- 人数 1人〜
- 年齢 3歳〜
- 使う物 新聞紙

**発展ポイント**　破れやすい新聞紙を使うことで、より注意深い動きができる

**ここが育つ**
- 協応性　・巧緻性
- 身体認識力
- 操作系運動スキル　・移動系運動スキル

**ルール**
1. 新聞紙に両足が入るくらいの穴を2つあける。
2. 穴に足を入れて、新聞紙が破れないようにそろそろと歩く。

**アレンジあそび**
**アメンボウ歩き**
新聞紙を2枚にして、片足ずつ乗せて、新聞紙といっしょに床をすべるように歩く。それができたら、新聞紙を4枚にして、両手も乗せて四つ足で歩いてみる。

---

## 這う・歩く 発展のあそび
# 新聞紙くぐり

- 人数 3人〜
- 年齢 2歳〜
- 使う物 新聞紙

**発展ポイント**　破れやすい新聞紙を使うことで、より注意深い動きができ、安全に遊ぶことができる

**ここが育つ**
- 巧緻性　・柔軟性
- 身体認識力　・空間認知能力
- 移動系運動スキル

**ルール**
1. 新聞紙に大きな穴をあける。
2. 2人が新聞紙を持ち、もう1人が新聞紙の穴を破かないようにくぐる。
3. できるようになってきたら、新聞紙を少しずつ床から上げていく。

**アレンジあそび**
**新聞紙またぎ**
新聞紙と床が平行になるように持ち、またいで穴に入る。できるようになったら、両足で跳んで入ったり、出たりする。

## 這う・歩く 発展のあそび
# ゴムひもくぐり

- 人数 3人〜
- 年齢 2歳〜
- 使う物 ゴムひも

ゴムひもを引っ張って長くして、真ん中で持つ子を増やし、さらにゴムひもの高低差をつけられるようにすると、より盛り上がります。

**発展ポイント**
ゴムひもの高さが変わることで、緊張感や楽しさが増す

**ここが育つ**
- 巧緻性 ・柔軟性
- 身体認識力 ・空間認知能力
- 移動系運動スキル

**ルール**
1. 2人がゴムひもを持って立つ。
2. ゴムひもを持っている子は、ゴムひもの高さを変え、通る子のじゃまをする。
3. 通る子は、ゴムひもが上がったときに、すばやくくぐりぬける。

---

## 這う・歩く 発展のあそび
# 動物になってボール運び

- 人数 1人〜
- 年齢 2歳〜
- 使う物 ボール

**保育者のポイント**
まねをしてみたい動物と動きは、子どもたちが考えます。はやさを競うだけでなく、「眠たくてしょうがないクマ」「はなでボールを押すアザラシ」等、工夫した動きや楽しい表現を評価しましょう。

**発展ポイント**
模倣の動きにボール運びが加わることで、動きの幅が広がる

**ここが育つ**
- 柔軟性 ・筋力 ・瞬発力 ・巧緻性 ・リズム
- 身体認識力 ・空間認知能力
- 移動系運動スキル ・操作系運動スキル

**ルール**
1. スタート地点からある程度離れた場所に、人数分のボールを置く。
2. ウサギ、カエル、クマ、ヘビ等、様々な動物になってボールを取りに行く。
3. スタート地点までボールを持ってもどってくる。

## 移動する運動 — 跳ぶ

### 基本のあそび
# ジャンプするあそび

人数  1人～　年齢  2歳～

**発展**　空中ジャンケン ▶ P92　／　前とび競争 ▶ P93　／　回転ジャンプ ▶ P93　／
新聞ジャンプ ▶ P94　／　ウサギとオオカミ ▶ P94　／
新聞島渡り ▶ P95　／　ケンケン競争 ▶ P95

**ねらい**　運動量の確保、体力の向上

**ここが育つ**
- 筋力　・瞬発力　・リズム
- 移動系運動スキル

**ルール**
1. 様々な種類のジャンプをする。ジャンプをする際は、最初に保育者が見本を見せる。一度に連続して行うと疲れる運動なので、休みながら行う。
2. その場でジャンプができるようになったら、前とび、横とび、後ろとび等に挑戦する。
3. できるだけ遠くにジャンプする。

### ロケットジャンプ

保育者と子どもが向かい合わせで手をつなぎ、「ロケット発射、3、2、1」のかけ声に合わせて高くジャンプする。子どもには、「3、2、1」のときにひざを曲げてしゃがむように伝える。

**保育者のポイント**
保育者は、握った手で拍子をとったり、動く方向に力を向けたりして、子どもに合図を送ると、子どもは動きを理解しやすくなります。

### その場でジャンプ

両足で思い切って跳び上がる。できるようになったら、リズムに合わせて連続して跳ぶ。

### アレンジあそび

#### 足打ちジャンプ
跳び上がって、できるだけ高い位置で足の内側を軽く打ってから着地する。慣れるまでは、台に手をつきながら跳び、一番足が上がったところで足を打つ練習をする。

#### 忍者のとびおき
正座して座っている状態から、両腕を振って一気に跳び上がって立つ。最初は、ざぶとんの上で練習すると、恐がらずにチャレンジできる。子どもの両手を持って、引き上げてもよい。

---

#### 両足踏み切りジャンプ
両足を揃えて、大きく前に跳ぶ。ひざを曲げ、腕を大きく振って、少しずつ遠くに跳べるようチャレンジする。着地の際は、ひざをやわらかく曲げるようにする。

#### 片足ジャンプ
片方の足を軸にし、その場でケンケンですばやく跳ぶ。できるようになったら、前や後ろ、横に跳ぶ。

#### 向き変えジャンプ
両足もしくは片足で踏み切って、90度向きを変えて着地する。できるようになったら、180度にもチャレンジする。そして、1回転(360度)へと進む。

#### スキップ
ももをしっかり上げて、高く跳び上がるスキップをする。できるようになったら、スキップしながら前や後ろに移動する。

基本 ジャンプするあそび 発展 空中ジャンケン ／ 前とび競争 ／ 回転ジャンプ

# ジャンプする 発展のあそび
## 空中ジャンケン

人数 2人〜
年齢 3歳〜

**発展ポイント** ジャンケンをすることで、楽しく、繰り返し跳ぶ

**ここが育つ**
- 筋力 ・瞬発力 ・バランス
- 身体認識力
- 平衡系運動スキル

**ルール**
1. ジャンプしながら、足で「グー」「チョキ」「パー」ができるように練習する。
2. 保育者は、立ったまま、手でジャンケンをする。

最初はみんないっしょに跳んで「グー」「チョキ」「パー」をつくります。慣れてきたら、保育者の合図にすばやく反応できるように練習します。

### グージャンプ
跳んだときに、空中でからだを抱える。

### チョキジャンプ
跳んだときに、空中で足を前後に開く。

### パージャンプ
跳んだときに、空中で両手両足を大きく広げる。

## ジャンプする 発展のあそび
# 前とび競争

人数 2人〜　年齢 3歳〜

**発展ポイント** 競うことで、より遠くに跳ぶチャレンジができる

**ここが育つ**
- 筋力　・瞬発力
- 空間認知能力
- 移動系運動スキル

**ルール**
1. 踏み切りラインを決める。
2. 踏み切りラインの手前に立って順番に前とびをし、跳んだ距離の一番遠い子がチャンピオンになる。

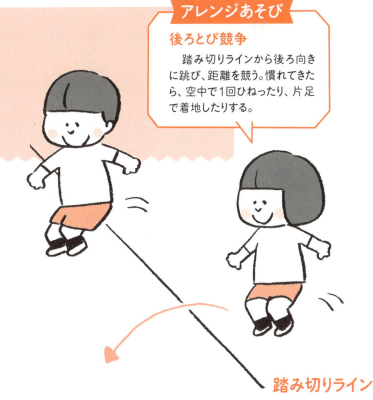

**アレンジあそび**
**後ろとび競争**
踏み切りラインから後ろ向きに跳び、距離を競う。慣れてきたら、空中で1回ひねったり、片足で着地したりする。

踏み切りライン

★ チャンピオンの記録を超えるように励まし、挑戦させよう。

---

## ジャンプする 発展のあそび
# 回転ジャンプ

人数 2人〜　年齢 3歳〜

**発展ポイント** 友だちといっしょに跳ぶことで楽しさが増す

**ここが育つ**
- 瞬発力　・リズム
- 空間認知能力
- 移動系運動スキル

**ルール**
1. 友だちと向かい合って手をつなぐ。
2. 右まわり（左まわり）に回転しながら、2人がいっしょに跳ぶ。

**アレンジあそび**
**3人ジャンプ**
3人で手をつないで回転しながら跳ぶ。保育者が「右まわり」、「反対まわり」等と、声をかける。

3・4・5歳　移動する運動

跳ぶ　ジャンプするあそび

使う物なし

基本 ジャンプするあそび　発展 新聞ジャンプ／ウサギとオオカミ／新聞島渡り／ケンケン競争

## ジャンプする 発展のあそび
# 新聞ジャンプ

- 人数：2人～
- 年齢：3歳～
- 使う物：新聞紙

慣れてきたら、魔法のじゅうたん（P187）にも挑戦してみましょう。

**発展ポイント**　目的をもって、友だちとタイミングよく協力して跳ぶ

**ここが育つ**
- 瞬発力　・巧緻性　・調整力　・バランス
- 空間認知能力
- 移動系運動スキル

**ルール**
1. 2人1組になり、1人は新聞紙の上に乗る。
2. 新聞紙に乗った子が跳んだときに、もう1人がすばやく新聞紙をずらし、跳んだ子は新聞紙を踏まないようにする。
3. 次に跳んだときに新聞を元にもどし、跳んだ子は新聞の上に着地する。2、3を繰り返す。

---

## ジャンプする 発展のあそび
# ウサギとオオカミ

- 人数：3人～
- 年齢：3歳～
- 使う物：なわ・フラフープなど　※円形になるもの

**保育者のポイント**　「お、お、おばあさん！」「お弁当！」など、時々間違ったことを言うと、より盛り上がります。

ウサギ

ウサギ

オオカミ／ウサギ

**発展ポイント**　設定があることで楽しんで跳ぶ

**ここが育つ**
- 瞬発力　・リズム　・敏捷性
- 空間認知能力
- 移動系運動スキル

**ルール**
1. なわやフラフープ等を円形にして、床に置く。
2. 子どもは、ウサギ役になり、円（自分の家）の中に入る。
3. 保育者は、オオカミ役になり、「おいで、おいで、ウサギさん、ジャンプ、ジャンプ、ジャンプ！」と呼びかけ、ウサギがオオカミのところにジャンプしながら来るように誘う。
4. 保育者が「お、お、お、オオカミ！」と言ったら、ウサギは自分の家に急いでもどる。オオカミは、ウサギを捕まえようとする。3、4を繰り返して遊ぶ。

★ 跳びながらの移動は、なわとびの基礎運動にもよい。両足を揃えて、つま先で連続して跳ぶことを意識させる。

## ジャンプする 発展のあそび
# 新聞島渡り

| 人数 | 年齢 | 使う物 |
|---|---|---|
| 2人〜 | 3歳〜 | 新聞紙 |

**発展ポイント** 目的をもって友だちと協力して跳ぶ

**ここが育つ**
- 瞬発力 ・バランス ・リズム ・調整力
- 身体認識力 ・空間認知能力
- 移動系運動スキル

**ルール**
1. 2人1組になり、新聞紙は3枚用意する。
2. 3枚の新聞紙を並べて、その上を1人が跳びながら渡る。
3. もう1人の子は、渡り終わった新聞紙を進みたい方向に移動させていく。

★ チームをわけて、リレー形式にして競争してもよい。

---

## ジャンプする 発展のあそび
# ケンケン競争

| 人数 | 年齢 |
|---|---|
| 2人〜 | 4歳〜 |

**発展ポイント** 友だちと協力して跳びながら、目的地まで進む

**ここが育つ**
- 筋力 ・瞬発力 ・リズム ・巧緻性 ・バランス
- 身体認識力
- 移動系運動スキル

**ルール**
1. 2人もしくは3人で1グループになり、お互いの足を持って支える。
2. スタートの合図で、一斉に片足で跳びながら前進する。
3. 全員がゴールラインをはやく通過したグループの勝ち。

3人の場合は、3人で三角形になるように向き合い、左足を左隣の子の右手で持ってもらいます。

**向かい合い2人の場合**
向かい合ってお互いの片方の足を同じ側の片手（または両手）で持ち、バランスをとりながら進む。

**前向き3人の場合**
右手を前の子の右肩に置き、左足は前に出して、前の子の左手で持ってもらう。

★ 後ろ向きにも進んでみよう。

# 移動する運動 走る

## 基本のあそび
# 走るあそび

人数 4人〜　年齢 2歳〜　使う物 イス・コーン等

発展　新聞ランナー▶P98 ／ ジグザグランナー▶P98
　　　平均台ハードルランナー▶P99 ／ リレー▶P99

**ねらい** 友だちと協力して走る

**ここが育つ**
- 瞬発力 ・持久力 ・スピード
- 空間認知能力
- 移動系運動スキル

## 手つなぎランナー

**ルール**
1. スタートラインと折り返し地点を決め、子どもはスタートラインに並ぶ。
2. 最初の1人が走り、折り返し地点をまわってスタートラインにもどってきたら、次の子どもと手をつなぎ、今度は2人で走る。
3. 2人がスタートラインにもどってきたら、次の子どもと手をつなぎ、3人で走る。このようにしてどんどんいっしょに走る子どもが増えていく。

友だちといっしょに走ることで、走る楽しさを味わうことができます。

折り返し地点

### アレンジあそび

**電車ランナー**

何人かでグループになり、前の子の肩に手をかけて連なる。一番前の子は両手で車輪の動きをし、電車のまねをして走る。

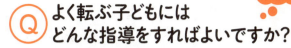

### こんなときどうする？ Q&A

**Q　よく転ぶ子どもにはどんな指導をすればよいですか？**

**A**　転んでしまうのは、筋力や平衡性（バランス）が弱いからです。まずは走ることよりも、歩く、跳ぶ、バランスをとる等のあそびをたくさん経験すること。できなくても何回も繰り返すことで、筋力がつき、運動の神経回路が刺激されてバランス感覚も磨かれていきます。走るためには、しっかりとからだの準備ができていることが大切です。

いくつかのグループにわけてリレーをすると盛り上がります。2人1組で手をつなぎながら、走るリレーにしてもよいでしょう。

## 走れば走るほど どんどん楽しくなっていく

　低年齢の子どもには、直線が基本。コーナーをまわったり、ジグザグに走るためには、からだをコントロールする力が必要なので、ある程度運動能力が発達してから挑戦しましょう。

　走るあそびの目標は、おにごっこができるようになること。「忍者みたいに走ってみよう！」と、走る楽しさを味わいながら、少しずつあそびをレベルアップしましょう。

　はやく走るにはコツがあります。腕を振る、ひざを上げる、からだを少し前に倒す等の指導も加えるとよいでしょう。

---

3・4・5歳　移動する運動

走る

走るあそび

イス・コーン

基本 走るあそび 発展 新聞ランナー／ジグザグランナー／平均台ハードルランナー／リレー

## 走る 発展のあそび
# 新聞ランナー

- 人数：1人〜
- 年齢：3歳〜
- 使う物：新聞紙

> 新聞紙が落ちないようにするには、ある程度のはやさが必要なため、子どもに「はやく走る」ことをわかりやすく伝えられるあそびです。

**発展ポイント** 新聞紙が落ちないように考えて走る

**ここが育つ**
- 瞬発力 ・スピード ・巧緻性
- 身体認識力 ・空間認知能力
- 操作系運動スキル ・移動系運動スキル

**ルール**
1. 新聞紙を胸の前で広げる。
2. 両手を上げて、新聞紙が落ちないように工夫して走る。このとき、手は使わない。

★ 子どもの年齢や体力に合わせて、走る距離を調整する。新聞紙をバトンの代わりにしたリレーもおすすめ。

---

## 走る 発展のあそび
# ジグザグランナー

- 人数：1人〜
- 年齢：3歳〜
- 使う物：イス・コーン等

**発展ポイント** コースをつくることでジグザクに走れるようになる

**ここが育つ**
- 瞬発力 ・巧緻性 ・敏捷性 ・調整力
- 空間認知能力
- 移動系運動スキル

**ルール**
1. イスやコーン等の障害物を置いてコースをつくる。
2. 障害物にぶつからないよう、すばやくコースを走る。

ゴール

> 最初は障害物の距離を広めにとります。走るコースがわかるように、ラインをひいてもいいでしょう。

★ 折り返してもどってくるコースにしてもよい。

## 走る 発展のあそび
# 平均台ハードルランナー

| 人数 | 年齢 | 使う物 |
|---|---|---|
| 1人〜 | 3歳〜 | 平均台 |

**発展ポイント** 走ること、障害物を乗り越えることを連続して行う

**ここが育つ**
- 瞬発力 ・巧緻性 ・調整力
- 身体認識力 ・空間認知能力
- 移動系運動スキル

**ルール**
1. 平均台をハードルに見立て、いくつか平行に並べる。
2. 平均台をまたぎ、全力で走る。

**保育者のポイント**
最初は、平均台の前で一度止まってから、またぐことを伝えましょう。

---

## 走る 発展のあそび
# リレー

| 人数 | 年齢 | 使う物 |
|---|---|---|
| 4人〜 | 3歳〜 | イス・コーン等 |

**発展ポイント** 目的をもって友だちと協力して走り、タッチして交代することができる

**ここが育つ**
- 瞬発力 ・調整力 ・バランス
- 空間認知能力
- 移動系運動スキル

**ルール**
1. イスやコーン等で折り返し地点をつくり、スタートラインにもどってから、次に走る子どもに交代するコースをつくる。
2. 子どもをいくつかのグループにわける。
3. 最初はスタートラインで両手を合わせるようにタッチして交代する。慣れてきたら、次に走る子の後ろにまわってタッチする。

後ろにまわってタッチする練習をしておくと、トラックでリレーをする練習になります。慣れてきたら、バトンを使ってもいいでしょう。

スタート

折り返し地点

3・4・5歳 移動する運動

走る

走るあそび

新聞紙・イスやコーン・平均台

## 移動する運動 — 走る

# 基本のあそび
# 1人おに

 人数 4人〜　 年齢 2歳〜

**発展**　影踏みおに▶P102 ／ 色おに▶P102 ／
ヒヨコとネコ▶P103 ／ ハンカチ落とし▶P103

💡 **ねらい**　おにごっこを通して、状況を判断しながら走ったり、止まったりする

🌱 **ここが育つ**
- 敏捷性　・スピード
- 空間認知能力
- 移動系運動スキル

## 波おに

**ルール**

1. 地面に安全地帯のラインをひく。
2. ラインよりも手前側に子どもが座る。最初は保育者がおにになり、子どもたちと向かい合って立つ。
3. 保育者が波になり、小さい波「ザワザワザワ（前進）シュワシュワ〜（小さく後退）」、大きな波「ザワザワザワ（前進）、ザッボーン（子どもを追いかける）」の2つの波を使い分け、大きな波のときだけ子どもをつかまえにいく。
4. 子どもは大きな波のときに、安全地帯まで逃げれば、つかまらない。つかまった子が、次のおに（波）になる。

ザワザワザワ〜！
（前に出る）
小さい波（つかまえない）
（シュワシュワ〜と後ろに下がる）

スタートの位置は子どもに任せ、最初は安全地帯までの距離が短くてもよいでしょう。だんだん距離を長くするように声をかけます。

安全地帯

## おにごっこは、「心」まで育てるすばらしいあそび

　逃げるときの必死さ、つかまりそうになってドキドキ、終わったあとの達成感……おにごっこという架空の緊急事態で、子どもたちの心は大興奮！　実は大脳にとって、これほど豊かですばらしい経験はありません。

　興奮と抑制という感情の起伏や、成功・失敗体験などを通して、子どもたちは自分の心の経験値を高め、コントロールする力を磨いていくのです。あそびを通して心を育むというのは、まさにこういうことなのです。

## おにごっこのステップアップ

1. **保育者がおにになる**
2. **子どもがおにになる**
3. **おにを複数にする**

最初は保育者がおにになり、逃げるワクワク感や達成感などを子どもが感じられるようにしましょう。ルールがわかってきたら、子どもがおにになります。おにが複数になるほうが運動量も増えますが、ルールも複雑になるので、1人おに→ためおに→増やしおに→助けおに、と段階をおって慣れていきましょう。

**保育者のポイント**
おにが子をつかまえようとする、子はつかまらないように逃げる、というおにごっこの基本的なルールを、あそびを通して伝えましょう。

大きい波（つかまえる）

子どもたちの動きから、恐がりだったり、度胸があったり、それぞれの性格が見えてくるでしょう。

安全地帯

3・4・5歳　移動する運動

走る

1人おに

使う物なし

| 基本 1人おに | 発展 影踏みおに / 色おに / ヒヨコとネコ / ハンカチ落とし |

## 1人おに 発展のあそび
# 影踏みおに

| 人数 | 年齢 | 環境 |
|---|---|---|
| 4人～ | 3歳～ | 影ができる場所 |

「頭」「胴体」など、影を踏む箇所を限定すると、より難しくなります。

**発展ポイント**　ルールを理解して、影の変化とおにごっこを楽しむ

**ここが育つ**
- スピード ・敏捷性 ・持久力
- 身体認識力 ・空間認知能力
- 移動系運動スキル

**ルール**
1. おにを1人決める。
2. おにが10数える間に、他の子どもは逃げる。
3. 逃げる子は自分の影が隠れる場所にいれば、おにに捕まらない。ただし、おにが10数える前に、その影から出なければならない。
4. おにが逃げる子の影を踏むと、踏まれた子が次のおにになってあそびを続ける。

---

## 1人おに 発展のあそび
# 色おに

| 人数 | 年齢 | 環境 |
|---|---|---|
| 4人～ | 3歳～ | 色のついた遊具や物がある場所 |

**発展ポイント**　ルールを理解して、色の多さとおにごっこを楽しむ

**ここが育つ**
- 敏捷性 ・スピード ・持久力
- 空間認知能力
- 移動系運動スキル

**ルール**
1. おにを1人決める。
2. おには色の名前を1つ言って、10数える。その間に、逃げる子は言われた色を探してさわる。
3. おには指定した色にさわっている子をつかまえることはできない。さわっていない子をつかまえたときに、おにが交代する。
4. 全員が指定した色をさわっている場合は、新しい色を指示する。

★ 自分の服の色は禁止、1つの場所にさわるのは1人まで、といったルールを決めると難しくなる。

## 1人おに 発展のあそび
# ヒヨコとネコ

- 人数：5人〜
- 年齢：3歳〜

ヒヨコ

ネコ

**発展ポイント**　ルールを理解して、仲間を守るおにごっこを楽しむ

**ここが育つ**
- 敏捷性 ・スピード ・持久力
- 空間認知能力
- 移動系運動スキル

**ルール**
1. ネコ（おに）を1人決める。ヒヨコ（逃げる子）は4人1組になり、前の子の肩に手をかけて列をつくる。
2. ネコはヒヨコの列の一番後ろの子のからだのどこかにさわろうとする。ヒヨコの一番前の子は、ネコにさわられないようにじゃまをする。
3. ネコが一番後ろの子をさわったら、さわられた子が次のネコになり、ネコだった子はヒヨコの一番前につく。

---

## 1人おに 発展のあそび
# ハンカチ落とし

- 人数：5人〜
- 年齢：3歳〜
- 使う物：ハンカチ

おに

**発展ポイント**　ルールを理解して、環境変化のあるおにごっこを楽しむ

**ここが育つ**
- 敏捷性 ・スピード
- 身体認識力 ・空間認知能力
- 移動系運動スキル

**ルール**
1. おにを1人決め、ハンカチを持つ。他の子は、全員が輪になって内側を向いて座る。
2. おには、輪の外側を歩き、気づかれないように子の背後にハンカチを落とす。
3. 気づかれないまま1周まわれたら、肩をたたいて、おにを交代する。
4. 子が気づいた場合は、ハンカチを持っておにを追いかける。
5. 子がおにに追いついたら、おには同じ子のまま。追いつく前に空いた場所におにが座れば、おには交代する。

3・4・5歳　移動する運動　走る　1人おに　ハンカチ

## 移動する運動 走る

### 基本のあそび
# ためおに

| 人数 | 年齢 | 環境 |
|---|---|---|
| 3人〜 | 3歳〜 | 陣地 |

**発展** チームためおに ▶ P105 ／ 魚とり ▶ P105

**ねらい** 子をつかまえて、ためていく楽しさを味わう

**ここが育つ**
- 敏捷性 ・スピード ・持久力
- 空間認知能力
- 移動系運動スキル

**ルール**
1. おにの陣地をつくり、おにを1人（もしくは複数）決める。
2. おにが10数える間に、他の子どもは逃げる。
3. おににタッチされた子は、おにの陣地の中で待つ。
4. 時間内に全員つかまえたら、おにの勝ち。つかまえられなかったら、子の勝ち。

つかまった子／おにの陣地

おに

**保育者のポイント**
1人の子のおにが長く続かないように、おにの数を増やしたり、時間を区切って交代する等の配慮をしましょう。

おにが子をつかまえるとき、からだをさわったかどうかでトラブルにならないようにするために、タッチすると同時に、「つかまえた！」と大きな声で言うようにしましょう。

## 工夫やアイデア次第でバリエーションは無限大

おにごっこには、たくさんの種類がありますが、「1人おに」「ためおに」「増やしおに」「助けおに」の4種類にわけることができます。この4つを基本に、おにの数を増減したり、ルールをアレンジしたりしてみましょう。発達や状況に合わせて、あそびのレベルを変えることで、飽きることなく長く遊べます。

## ためおに 発展のあそび
# チームためおに

- 人数：6人〜
- 年齢：3歳〜
- 環境：陣地

**発展ポイント**　チームで協力するおにごっこを楽しむ

**ここが育つ**
- 敏捷性　・スピード　・持久力
- 空間認知能力
- 移動系運動スキル

**ルール**
1. 子どもを2つのチームにわけ、それぞれに陣地をつくる。
2. 相手チームの子どもをタッチしたら、自分の陣地に連れていく。
3. 時間内に、つかまっていない子の多いチームが勝ち。

**保育者のポイント**
逃げ切った子、たくさんつかまえた子、たくさん走った子など、いい面をみつけて子どもたちをほめましょう。

★ 帽子でどのチームの子か、一目でわかるようにする。

---

## ためおに 発展のあそび
# 魚とり

- 人数：6人〜
- 年齢：3歳〜

**アレンジあそび**

**ふくろう部隊**
2チームにわけ、おにチームは目隠しをして、一列に並んで手をつなぐ。ふくろうチームはおにに気づかれないように、つないだ手の下をくぐりぬける。タッチされずにくぐりぬけた人数を競う。

**発展ポイント**　おににつかまらずにゴールに向かう巧みさやスピードを楽しむ

**ここが育つ**
- 敏捷性　・スピード　・巧緻性
- 空間認知能力
- 移動系運動スキル

**ルール**
1. 長方形の枠を決め、おに（1人もしくは複数）は枠の中心に立ち、子はスタートラインに並ぶ。
2. スタートの合図で、子はおににタッチされないようにゴールまで行く。移動できるのは枠の中のみ。
3. 子は途中でタッチされたら、枠の外に出る。何度か往復して、最後までおににつかまらなかった子が勝ち。

スタート → ゴール

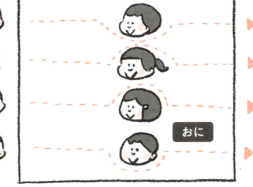

3・4・5歳　移動する運動

走る

ためおに

使う物なし

移動する運動　走る

## 基本のあそび
# 増やしおに

人数 8人〜
年齢 3歳〜

発展　ひっぱりおに ▶ P107

**ねらい**
おにを増やしながら、協力しておにごっこを行う

**ここが育つ**
・スピード ・敏捷性 ・持久力
・身体認識力 ・空間認知能力
・移動系運動スキル

### 手つなぎおに

**ルール**
1. おにを1人決める。
2. おにが10数える間に他の子どもは逃げる。
3. おににタッチされた子は、おにと手をつなぎ、他の子を追う。
4. 最後までタッチされなかった子の勝ち。

さあ行くよ！

おに

どんどんおにが長くなります。両端の子しかタッチできませんが、慣れてくると逃げている子を囲い込むようにしてタッチするといった工夫ができます。

**注意　転倒に気をつける**
手をつないだまま走るので、転倒に気をつけましょう。特に、両手をつないだ子は顔から転びやすいので、注意する必要があります。

### アレンジあそび
**分裂手つなぎおに**
おにが4人以上になったら、半分にわかれて子を追いかける。

増やしおに 発展のあそび

# ひっぱりおに

人数 8人〜　年齢 3歳〜

**発展ポイント**　チームで協力しておにごっこを行う

**ここが育つ**
- 敏捷性　・持久力　・筋力
- 非移動系運動スキル
- 移動系運動スキル

**ルール**
1. 子どもを2チームにわけ、片方のチームは輪になって内側に向き、左右の子と手をつないで（または肩を組んで）うつ伏せになる。もう片方のチームがおにになる。
2. おにチームの子は、うつ伏せの子の足を引っ張って輪から抜く。
3. 輪から抜かれた子もおにになって引っ張る。
4. チームを交代して同じように行い、時間内に残っている子の多いチームが勝ち。

> 最初に、おにには「服を引っ張らない」「くすぐらない」等、ルールをしっかりと伝えましょう。

## 「チャンピオン」をつくろう

つかまえた子、逃げきった子だけがチャンピオンではありません。転んだ友だちを助けた子、交代のときに声をかけた子、先生を手伝ってくれた子など、たくさんのチャンピオンがいます。みんながチャンピオンになれるおにごっこで、あそびをより楽しい時間に。

3・4・5歳　移動する運動

走る

増やしおに

使う物なし

移動する運動 走る

# 基本のあそび
# 助けおに

人数 8人～　年齢 4歳～

発展　缶けり ▶ P110 ／ だるまさんがころんだ ▶ P110 ／ ケイドロ ▶ P111

**ねらい**
ルールを理解して、仲間を助けるおにごっこを楽しむ

**ここが育つ**
- 敏捷性　・スピード　・持久力
- 身体認識力　・空間認知能力
- 移動系運動スキル

## こおりおに

**ルール**
1. おにを1人決め、他の子どもは逃げる。
2. おににタッチされた子は、その場でポーズをとってじっとする（氷になる）。
3. 逃げている子が氷になった子をタッチする（助ける）と、氷になった子は動けるようになる。
4. 時間を区切るか、おにが子を全員氷にしたら終わり。

氷になった子／助けようとする子

**体育指導の先生より**

### まわりを見て動ける力は様々なスポーツで役立つ

　おにごっこはぶつかりを避ける、まわりを見ながら動く等、いろいろな力が育まれます。これは、例えば、サッカーならアイコンタクトをしながらパスをする、次にパスをもらえる場所に動く等に必要な能力と同じもので、チームで行う様々なスポーツの導入としても役立つあそびです。（体育指導／小石）

### アレンジあそび

**バナナおに**
つかまえられたら、両手を合わせて頭上に上げる。助けるときは、両手を割る（皮をむく）と動けるようになる。

**地蔵おに**
つかまえられたら、お地蔵さんのポーズをしながら、両足を開く。助ける子が足の間をくぐって通ったら、動けるようになる。

**電子レンジおに**
つかまえられたら、その場でかたまる。助けるときは2人1組になり、かたまった子が中に入るように手をつなぎ、上から下に腕を下ろして「チン！」という。

3・4・5歳 移動する運動 / 走る / 助けおに / 使う物なし

**保育者のポイント**
最初は保育者がおにになり、ルールが理解できるようにします。

おに / 氷になった子 / 氷になった子

## どう助けるかという「作戦」のおもしろさ

　助けおにの最大の醍醐味は、助ける側とおに側の作戦の攻防です。タイミングを見はからったり、何人かで協力して突破口をひらいたり。おにも守りを固めたり、すきをついてつかまえたりと、おのずと思考力をフル稼働させることに。4歳くらいから、友だちと相談して作戦を練ることができるようになりますから、何度も遊ぶうちに、より高度な作戦が生まれるかもしれません。発想の広がりにも期待できます。

基本 助けおに 発展 缶けり ／ だるまさんがころんだ ／ ケイドロ

## 助けおに 発展のあそび
# 缶けり

| 人数 | 年齢 | 使う物 | 環境 |
|---|---|---|---|
| 6人〜 | 4歳〜 | 空き缶 | 陣地 |

**発展ポイント** ルールを理解して おにごっこ（かくれおに）を楽しむ

**ここが育つ**
- 敏捷性 ・スピード
- 空間認知能力
- 移動系運動スキル

**ルール**
1. おにを1人決める。缶を置く場所を決め、おに以外の子が缶を蹴り、おにが元の場所にもどすまでに子は隠れる。
2. おには子を見つけたら、缶を踏みながら見つけた子の名前を呼ぶ。呼ばれた子は、おにの陣地で待つ。
3. おにが缶から離れているあいだに、隠れている子が缶を蹴ると、つかまった子は逃げられる。

★ 隠れる範囲はあまり広くせず、事前に決めておく。

## 助けおに 発展のあそび
# だるまさんがころんだ

| 人数 | 年齢 | 環境 |
|---|---|---|
| 6人〜 | 4歳〜 | 木 |

**発展ポイント** ルールを理解して おにごっこ（助けおに）を楽しむ

**ここが育つ**
- 敏捷性 ・スピード
- 身体認識力 ・空間認知能力
- 移動系運動スキル

**ルール**
1. おにを1人決め、おにには木に向かって立つ。そのほかの子は、スタートラインに並ぶ。
2. おには、「だるまさんがころんだ」と言って振り向く。子は、おにが木のほうを向いている間だけ動き、おにに近づく。
3. おには動いている子の名前を呼び、呼ばれた子は木に連なる。
4. つかまった子をタッチして「きった！」と言うと、逃げられる。おにが「ストップ！」と言うと、全員その場で止まる。
5. おにが5歩（歩数は最初に決める）歩いてタッチされた子が、次のおにになる。

## 助けおに 発展のあそび
# ケイドロ

| 人数 | 年齢 | 環境 |
|---|---|---|
| 8人〜 | 4歳〜 | ろうや |

**発展ポイント** ルールを理解して、チームワークのあるおにごっこ（助けおに）を楽しむ

**ここが育つ**
- 敏捷性　・スピード
- 空間認知能力
- 移動系運動スキル

**ルール**
1. 警察と泥棒にわかれ、ろうやの場所を決める。
2. 警察は10数え、泥棒は逃げる。
3. 警察は泥棒にタッチしたら、ろうやに連れていく。
4. ろうやにいる泥棒は、仲間にタッチされると逃げられる。警察が泥棒を全員つかまえたら、終わり。

**保育者のポイント**
協力して泥棒をつかまえる、ろうやを守る役割をつくる等、友だちと相談したり、チームワークを体験したりしながら、あそびを深めていけるように促しましょう。

3・4・5歳　移動する運動／走る／助けおに

## 移動する運動
跳ぶ・まわす

# 基本のあそび
# なわとび

人数  1人〜
年齢  3歳〜
使う物  なわ

発展　なわまたぎ ▶ P114 ／ 前とび ▶ P114 ／
　　　後ろとび ▶ P115 ／ 前交差とび ▶ P115

**ねらい**
なわをまたぐ・跳ぶ動きと、
なわをまわす動きを楽しむ

**ここが育つ**
・瞬発力　・協応性　・巧緻性　・リズム
・身体認識力　・空間認知能力
・移動系運動スキル　・操作系運動スキル

地面に置いたなわを跳ぶ

**STEP1**
足でなわをまたぐ・跳ぶ

## 操作する運動は、経験がものをいう

　なわとびは、なわを操作しながら一定のリズムを読んでからだを動かす必要があり、難易度の高い運動です。「できない!!」と嫌になりやすいので、なわをまたぐ、なわをまわす等、できることからスモールステップで段階的に進めてみましょう。たくさん繰り返して経験を増やすことが大切です。

**アレンジあそび**

**2本とび**
　2本のなわを用意し、1本はまっすぐ、もう1本は波状に置き、その間を跳び越える。川やヘビに見立てて、幅の違いを楽しんで跳ぶ。

## 片手でなわをまわす

**STEP2**
右手・左手でまわす

**アレンジあそび**
**横まわしジャンプ**
足の下をなわが通るようにまわし、足の下になわがきたら、跳び越す。

**STEP3**
下のほうでまわす

**STEP4**
まわしながら走る

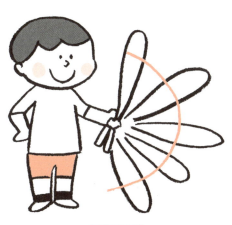

**STEP5**
大きく、小さく、はやく、遅くまわす
（スピードを変える）

### こんなときどうする？ Q&A

**Q 跳びやすいなわの長さの目安は？**

**A** 両足でなわを踏み、なわがたるまないようにした状態で、ひじが90度くらいになる長さが適しています。ただ幼児の場合は、まだ手首をまわすことができず、腕全体を大きくまわしますから、様子を見て保育者が調整してあげてください。

**保育者のポイント**
片手まわしが十分できるようになったら、なわが下にくるタイミングで跳ぶようにします。最初はタイミングが合っていなくてもよいので、何度も繰り返し練習できるように励ましましょう。

3・4・5歳　移動する運動

跳ぶ・まわす　なわとび

なわ

基本 なわとび　発展 なわまたぎ／前とび／後ろとび／前交差とび

## なわとび 発展のあそび
# なわまたぎ

- 人数 1人〜
- 年齢 3歳〜
- 使う物 なわ

このあそびを繰り返しすると、前とびの練習になります。

**発展ポイント**　なわをまわす、またぐを連続して行う

**ここが育つ**
- 協応性 ・巧緻性 ・リズム
- 身体認識力 ・空間認知能力
- 操作系運動スキル

**ルール**
1. なわの両端を持ち、なわがからだの後ろ側にある状態にする。
2. 勢いよくバンザイし、なわがからだの後ろから前にくるようにする。
3. 足の前にあるなわをまたぐ。
4. 1〜3を繰り返す。できるようになったら、跳んでいく。

---

## なわとび 発展のあそび
# 前とび

- 人数 1人〜
- 年齢 3歳〜
- 使う物 なわ

**保育者のポイント**
なわが大きくまわってもいいので、必ず上に上がった手を下げるようにアドバイスをしましょう。手が下にないと、なわが足に引っかかってうまく跳べません。

**発展ポイント**　後ろから前に、なわをまわして跳ぶ

**ここが育つ**
- 協応性 ・巧緻性 ・リズム ・瞬発力
- 身体認識力 ・空間認知能力
- 移動系運動スキル ・操作系運動スキル

**ルール**
1. なわの両端を持ち、なわがからだの後ろ側にある状態にする。
2. 後ろから前にくるように、ゆっくり大きくなわをまわす。
3. なわが足元にきたときに、なわを跳び越える。
4. 慣れてきたら、スピードを上げて、繰り返して跳ぶ。

**アレンジあそび**
2人とび
なわをまわす子と向かい合って、もう1人がいっしょに同じなわを跳ぶ。

## なわとび 発展のあそび
# 後ろとび

| 人数 | 年齢 | 使う物 |
|---|---|---|
| 1人〜 | 4歳〜 | なわ |

**発展ポイント** 前から後ろになわをまわして跳ぶ

 **ここが育つ**
- 協応性 ・巧緻性 ・リズム ・瞬発力
- 身体認識力 ・空間認知能力
- 移動系運動スキル ・操作系運動スキル

**ルール**
1. なわの両端を持ち、なわがからだの前側にある状態にする。
2. 前から後ろになわをまわす。
3. なわが後ろの足元にきたタイミングで、なわを跳び越える。

> 前とびと同様に、最初は前から後ろへなわをまわし、またぐ練習をします。慣れてきたら、だんだんスピードを上げていきましょう。

3・4・5歳 移動する運動 / 跳ぶ・まわす / なわとび

---

## なわとび 発展のあそび
# 前交差とび

| 人数 | 年齢 | 使う物 |
|---|---|---|
| 1人〜 | 4歳〜 | なわ |

**発展ポイント** 手を交差させたまま、なわをまわして跳ぶ

**ここが育つ**
- 協応性 ・巧緻性 ・リズム ・瞬発力
- 身体認識力 ・空間認知能力
- 操作系運動スキル

**ルール**
1. なわの両端を持ち、なわがからだの後ろ側から前にくるときに、手を交差させる。
2. 手を交差させたまま、なわをまわす。
3. なわが前の足元にきたタイミングで、なわを跳び越える。

**アレンジあそび**

**あやとび**
前とびと前交差とびを交互に行う。前とびを数回跳んでから交差とびをする。

> 交差させた腕の位置は腰付近にくるようにします。腕が上がり過ぎるとなわも上がり、足がひっかかりやすくなります。

★ なわは、前とびをするときよりも、少し長めのほうが跳びやすい。

# 移動する運動
跳ぶ・まわす

## 基本のあそび
# 長なわ

人数 4人～　年齢 3歳～　使う物 長なわ

発展：大波小波 ▶ P118 ／ お嬢さんお入りなさい ▶ P118 ／ 大なわくぐり ▶ P119 ／ 大なわとび ▶ P119

**ねらい**　長なわの動きに合わせて跳ぶ

**ここが育つ**
- 協応性　・巧緻性　・リズム
- 身体認識力　・空間認知能力
- 移動系運動スキル　・操作系運動スキル

### ヘビさんジャンプ

**ルール**
1. 保育者は長なわを持ち、横や縦に揺らす。
2. 子どもは動いている長なわを跳び越える。
3. 慣れてきたら、子どもが長なわを持って動かす。

> 導入のあそびとして、ゴー＆ストップ（P51）もおすすめです。

なわを操作しよう

### 横波
なわの端を持ち、手を左右に動かす。
小さく動かしたり、大きく動かしたりする。

### 縦波
なわの端を持ち、手を上下に動かす。
ゆっくり動かしたり、はやく動かしたりする。

# 長なわの楽しさは「まわし方」次第

　跳べるかどうかはなわまわし次第、と言ってもいいくらい、長なわで重要なのはまわし方です。はじめはゆっくり大きく、肩のつけ根から腕を大きくまわし、遠心力をつかってリズミカルに。なわに伝わる張りと回転のはやさが同じになるように意識し、跳ぶ子どものテンポに合わせましょう。まわす2人が呼吸を合わせられるよう、まずはなわをまわす保育者だけで練習してみてください。

## タコの足切り

**ルール**
1. 子どもは4人1組で横列に並ぶ。
2. 保育者は長なわを持ち、子どもに向かっていくようにして、地面に長なわをゆっくりすべらせる。
3. 子どもは長なわの動きをよく見て、足元にきたら跳び越える。

### 体育指導の先生より

**子どもに多くを教え過ぎていませんか？**

　5歳の子に対し、3歳の子に短なわで前とびを教えるようお願いしたことがあります。すると、その子は「こうやって、こう」と行ってみせ、跳び方をほめただけで、3歳の子は私が教えるよりもずっと上手に跳べるようになっていました。教え過ぎると子どもが楽しむ「あそび」にならず、伝わりません。大人がいかに教え過ぎているか、5歳の子に気づかされました。（体育指導／小石）

3・4・5歳　移動する運動

跳ぶ・まわす　長なわ

基本 長なわ　発展 大波小波／お嬢さんお入りなさい／大なわくぐり／大なわとび

## 長なわ 発展のあそび
# 大波小波

| 人数 | 年齢 | 使う物 |
|---|---|---|
| 1人〜 | 3歳〜 | 長なわ |

**保育者のポイント**
初めはゆっくり長なわを操作して、子どもが近づいてきたら波を止めましょう。

**発展ポイント** 長なわの動きに合わせて跳ぶ

**ここが育つ**
- 筋力 ・瞬発力 ・リズム ・巧緻性 ・協応性
- 身体認識力 ・空間認知能力
- 平衡系運動スキル ・移動系運動スキル

**ルール**
1. 保育者は、長なわを左右に揺らして大波や小波をつくる。
2. 子どもは、なわの中央に入り、両足を揃えてなわを跳ぶ。

★ 慣れてきたら、長なわを子どもが持って動かす。

## 長なわ 発展のあそび
# お嬢さんお入りなさい

| 人数 | 年齢 | 使う物 |
|---|---|---|
| 2人〜 | 4歳〜 | 長なわ |

♪お嬢さん　お入りなさい
さあどうぞ　ジャンケンぽい
あいこでしょ　負けたほうは
お出なさい　さようなら
さようなら♪

**発展ポイント** 長なわの動きに合わせて中に入って跳び、ジャンケンゲームを楽しむ

**ここが育つ**
- 巧緻性 ・バランス ・リズム
- 身体認識力 ・空間認知能力
- 移動系運動スキル ・平衡系運動スキル

**ルール**
1. 保育者は、長なわを左右に揺らして波をつくる。子どもは、2チームにわかれる。
2. 保育者の「お嬢さん、お入りなさい」のかけ声で、チームの先頭の子が1人ずつなわに入り、跳びながらジャンケンをする。
3. ジャンケンに負けた子は、引っかからないようになわから出て、代わりの子が入ってジャンケンをする。

## 長なわ 発展のあそび
# 大なわくぐり

| 人数 | 年齢 | 使う物 |
|---|---|---|
| 1人〜 | 4歳〜 | 長なわ |

**保育者のポイント**
なわをくぐるタイミングをつかめるように、「1、2の3」とかけ声をかけたり、軽く背中を押したり、保育者がいっしょにくぐり抜けたりします。

**発展ポイント**　長なわの動きに合わせてくぐり抜ける

**ここが育つ**
- 瞬発力 ・スピード ・巧緻性 ・リズム
- 身体認識力 ・空間認知能力
- 移動系運動スキル

**ルール**
1. 保育者は長なわを大きくまわす。
2. なわにあたらないように、子どもは1人ずつ走ってくぐり抜ける。
3. 慣れてきたら一度にくぐる人数を2人、3人と増やす。

「いち、にの、さん！」「えいっ！」

---

## 長なわ 発展のあそび
# 大なわとび

| 人数 | 年齢 | 使う物 |
|---|---|---|
| 3人〜 | 4歳〜 | 長なわ |

**保育者のポイント**
最初はなわを止めておき、子どもが入ってからまわしはじめてもいいでしょう。なわのリズムに合わせて跳べるように、声をかけます。

**発展ポイント**　長なわの動きに合わせて、友だちと協力して跳ぶ

**ここが育つ**
- 瞬発力 ・巧緻性 ・リズム ・バランス
- 身体認識力 ・空間認知能力
- 移動系運動スキル ・平衡系運動スキル

**ルール**
1. 保育者は、長なわを大きくまわす。
2. 子どもは、なわにあたらないように入り、なわの動きをしっかり目で追いながら、なわを跳ぶ。

 跳ぶタイミングで、「はい！」と声をかけてもよい。

3・4・5歳　移動する運動／跳ぶ・まわす／長なわ

## 移動する運動 転がる

## 基本のあそび
# マットで転がるあそび

 人数 1人〜
 年齢 2歳〜
 使う物 ロングマット

発展　前転 ▶ P122 ／ 後転 ▶ P124 ／ 側転 ▶ P126

**ねらい**　マットで回転運動を楽しむ

**ここが育つ**
- 筋力　・柔軟性　・巧緻性
- 空間認知能力
- 移動系運動スキル

**転がるポイント**
・最初はゆっくり→だんだんはやく
・スムーズに連続して転がる
・右回り、左回り両方に挑戦

### 横まわり
マットに寝転がり、両手を頭の上に上げて、横に転がる。

**注意 遊ぶ前に確認！**
マットの持ち手は必ず折り込みます。子どもの髪が長い場合は結び、ヘアピンや髪飾りは事前にとっておきましょう。

### ひざかかえ横まわり
ひざを抱えるように小さく手足を縮め、マットから出ないように横に転がる。

# 「手をつく」あそびがからだを鍛え、安全能力をアップ！

マットで遊ぶと、「手をつく」場面が多くなります。手をつくことは、単にからだを支えるだけではなく、動きに合わせて重心を変え、コントロールする役割を果たしています。スムーズなマット運動に欠かせない、「手をつく」練習に最適なのがクマ歩き（P122）です。高這いの姿勢で、前や後ろに歩いたり、ターンしたり、様々な動きをすることで、手のつき方やひじの使い方が自然に身につき、腕、足、肩、体幹が鍛えられます。また、転倒時に手がつけることは、大きなけがを防ぐ大切な能力です。

## 転がしごっこ

2人1組になり、1人は寝転び、もう1人が押して横に転がす。

## 手つなぎまわり

2人1組になり、頭の上で両手をつないで寝転ぶ。2人でいっしょに、タイミングを合わせて横に転がる。

### 回転運動以外のマットあそび

・マットくぐり
・山のぼり（P216）
・相撲
・模倣あそび
いろいろ活用してみましょう。

3・4・5歳 移動する運動

転がる

マットで転がるあそび

ロングマット

基本 マットで転がるあそび 発展 前転／後転／側転

# マットで転がる 発展のあそび
# 前転

| 人数 | 年齢 | 使う物 |
|---|---|---|
| 1人〜 | 3歳〜 | マット |

**発展ポイント** 腕での支持力、逆さ感覚、回転感覚が身につく

**ここが育つ**
- 筋力 ・柔軟性 ・巧緻性 ・バランス
- 身体認識力 ・空間認知能力
- 移動系運動スキル

### 前転をする前におすすめのあそび
#### クマ歩き
ひざをつかずに四つ足（高這い）になって、直進、Uターン等、自由に動く。

### マットの手のつき方
指を大きく開き、すべての指を使って支えます。動きに応じて、全面で支える、手首に近い点で支える、指先で支える等、支え方が変化することを意識しましょう。

**保育者のポイント**
おしりが持ち上がらない場合は、おなかに右手をあてて持ち上げ、まわりやすくする方法も有効です。

**保育者のポイント**
片手は後頭部、もう一方の手は子どものももの裏あたりに添えると、足がおなかと離れず、まわりやすくなります。

マットは横向きに使うと、一度にできる人数も増え、移動距離をイメージしやすくなります。

**STEP1**
#### マットに手をつく
足を揃えてひざを曲げ、手は広げて肩幅くらいにつく。目線はマットを見る。

**STEP2**
#### おしりを上げる
おしりを上げ、目線をマットから足元へと移動させる。

## ポイントは「おしりが頭を越える」こと

　丸いボールも、平らな床に置いただけでは転がりません。そして、からだはボールとはちがい、重い部分（頭やおしり）があります。前転ができるようになるには、丸くなること（あごを引き、目線はおなか）、足の力で重い部分（おしり）を進行方向に押し上げて、頭を乗り越えること、この2つができれば、あとは自然に回転します。

こんなときどうする？ Q&A

**Q** 前転がうまくできない子の補助のコツは？

**A** 子どもをただ進行方向に押すのではなく、回転軸を中心に、「頭を巻き込む」「おしりが頭の上を乗り越える」補助を心がけます。また、子どもには、「小さく」「丸く」なるイメージよりも前に転がるイメージをもたせるようにしましょう。

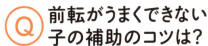

3・4・5歳　移動する運動

転がる

マットで転がるあそび

**保育者のポイント**
うまく頭を巻き込めない子には、おなかを支えると首への負担が軽くなります。

### STEP3
### 後頭部がマットにつく
さらに、おしりを上げると同時に、目線をおなかのほうへ向ける。おしりが頭の上を越えると自然に回転する。

おしりが頭を越えたあと、バタンと倒れてしまう子は、からだが反って、倒立のような状態になっているから。あごを引き、目線はおなかを見るように意識すると、スムーズにまわることができます。

### STEP4
### 背中→腰がマットにつく
おしりを上げ、目線をマットから足元へと移動させる。

### STEP5
### 立つ
回転後、足よりも頭を前に出すと立ちやすい。

マット

基本 マットで転がるあそび 発展 前転／後転／側転

## マットで転がる 発展のあそび
# 後転

| 人数 | 年齢 | 使う物 |
|---|---|---|
| 1人〜 | 4歳〜 | マット |

**発展ポイント** 腕での支持力、蹴る力、逆さ感覚、回転感覚が身につく

**ここが育つ** ・筋力 ・柔軟性 ・巧緻性 ・バランス ・身体認識力 ・空間認知能力 ・移動系運動スキル

> うまく回転できない場合は、布団で床に少し傾斜をつけます。高いほうに足を向け、低いほうに転がるようにすると、勢いが増して回転しやすくなります。

**保育者のポイント**
片手を背中に、もう一方の手をすねあたりに添えて、おなかと足が離れないように支えると、子どもは安心してまわれます。

> わきは締めないようにして、ひじを上げ、後頭部よりも手が後ろに出るようにします。転がったときに頭よりも先に手がマットにふれると、しっかりと支えられます。

**STEP1**
### マットにおしりをつけて座る
足を揃えてひざを曲げ、マットに座る。手は耳の横に置き、目線はおなかを見るように、あごを引く。

**STEP2**
### 後ろに転がる
足の力で勢いをつけながら、丸くなるイメージで、おしり→腰→背中とマットにつけながら転がる。

# ポイントは「おしりを引き上げて頭を越える」こと

　前転は、転がり始めるときにおしりがある程度高い位置にありますが、後転は座っている状態から足の力でおしりを引き上げ、頭を越さなければ回転しません。また、勢いよく足で蹴り出しても、からだが反っているとおしりは上がりません。蹴り出す脚力、からだを丸めたまま維持する腹筋や背筋の力、手でマットを捉える柔軟性や支持力。この3つが連動することで、上手に後転ができるようになります。

3・4・5歳　移動する運動

転がる

マットで転がるあそび

### 保育者のポイント

　子どもの状態に合わせて、サポートしましょう。
・蹴る力が弱い子→すねに添えていた手をふくらはぎ側に移動させ、回転を補助する。
・からだが丸められない子、手の支持力が弱い子→首に負担をかけないように、両方の手で子どもの腰を持ち上げながら回転させる。

下を向いていると不安定になってしまいます。目線を上げることで、足の上に重心がのり、安定します。

### STEP3
**手をマットにつける**
手がマットについたら、そのまま足は頭の上を通り越すようにまわる。

### STEP4
**足を床につける**
手で後方（進む方法）にしっかりと押し、足を床につける。ひざはひらいていてもよい。

### STEP5
**立つ**
目線を上げて前を向く。

マット

基本 マットで転がるあそび　発展 前転／後転／側転

## マットで転がる 発展のあそび
# 側転

| 人数 | 年齢 | 使う物 |
|---|---|---|
| 1人〜 | 4歳〜 | マット |

**発展ポイント**　腕での支持力、逆さ感覚、横への移動感覚が身につく

**ここが育つ**
- 筋力　・柔軟性　・バランス　・調整力
- 身体認識力　・空間認知能力
- 移動系運動スキル

### 側転をする前におすすめのあそび

側転のポイントは、足を高く上げること。最初から高く上げるのは難しいので、少しずつ足を上げられるようになるあそびを取り入れましょう。

・**川とび**
マットを川に見立てて、手をついてまたぎ跳びをする。最初はとび箱を1段置いて、手をつく位置を高くすると跳びやすい。

・**壁倒立**
壁に向かって倒立をし、足は壁で支える。勢いよく足が上がらない場合は、保育者が補助する。

> 目線は常にマット上の手をつく場所あたりを見るようにすると、姿勢が安定します。

#### STEP1
### 足を前後に開いて立つ
マットに対して正面に向き、足を前後に開いて立ち、両手を上に上げる。

> 手は、両手を一度につけるのではなく、手前から奥へと順番につくようにします。スピードがついてくると、遠くに手をつけるようになり、大きく回転できます。

#### STEP2
### 前に踏み出しながら片手をつく
大きく足を開いて勢いをつけて踏み出し、もう一方の足は大きく振り上げ、重心を進行方向に移動させながらマットに片手をつく。

★ 足を高く上げる関連あそび：足かけとび箱まわり（P130）、ロデオジャンプ（P155）

## やる気を出せる環境が「できた！」につながる

　側転で足を高く上げるために、ゴムひもを使って3段階の高さを設定し、引っかからずに跳び越せたら次の高さに挑戦する、という練習をしていたときのことです。

　まだ高く足を上げられない子が、たまたまゴムひもが下がって課題をクリアしたことがありました。能力的には未熟でしたが、跳べたと思ったことでモチベーションが上がり、まわりの応援もプラスに働いて、その子は課題をすべてクリアしました。

　段階指導は、技術を習得させる基本的な方法です。ただ、私はその子のやる気や可能性を引っ張り出せる環境づくりがとても大事だと思います。きっとできると自信をもてること、それがあってこそ、段階指導が生きてくるのです。（体育指導／小石）

### 保育者のポイント

・小さい子や足が上がらない子
　側転は動きがはやいので、無理に腰を支えようとすると保育者がけがをします。まずは足を高く上げる練習をさせましょう。

・筋力がついてきて、倒立姿勢ができる子
　STEP2の段階から腰を持ち、倒立の姿勢が崩れないように支えます。

3・4・5歳　移動する運動

転がる

マットで転がるあそび

指先は子どもの後方を向くようにします。

**STEP3**
**倒立をする**
両手が横に並ぶようにマットに手をつけて、倒立をする。

**STEP4**
**足をつけずにまたぎ越す**
しっかり手で支えながら回転する。

**STEP5**
**立つ**
手がついたところと着地する場所が直線になるように立つ。

マット

## 基本のあそび
# とび箱

移動する運動 / 登る・降りる・跳ぶ・またぐ

| 人数 | 年齢 | 使う物 |
|---|---|---|
| 1人〜 | 2歳〜 | とび箱・マット・踏切板 |

発展　とび箱またぎ越し▶P130 ／ 足かけとび箱まわり▶P130 ／ またぎ乗り・ひざ乗り・足乗り▶P131 ／ 開脚とび▶P132

**ねらい**　とび箱を使い、高いところに登ることや高いところから降りる動きを楽しむ

**ここが育つ**
- 筋力　・瞬発力　・巧緻性　・バランス
- 身体認識力　・空間認知能力
- 移動系運動スキル

### とび箱登り降り

自由な方法でとび箱の上に登り、降りる。徐々に段を増やして高くする。

慣れてきたら、いろいろな登り方に挑戦してみましょう。
・よじ登る
・助走をつけて跳び乗る
・踏切板を使って両足（片足）で踏み切る

とび箱にマットをかぶせる、マット山のぼり（P216）にも挑戦してみましょう。低い山なら、うつ伏せで前向きに降りることもできます。

## 「器械運動の道具」という先入観を捨てましょう

とび箱を目の前にすると、どうしても開脚して跳び越えるというひとつの運動にとらわれがち。ですが、例えば、大きな岩だと思ってみたらどうでしょう。登ったり、跳び降りたり、上で「ヤッホー！」と叫んだっていいのです。自然のものに見立てたり、ばらして遊ぶのもよいでしょう。まずは、とび箱を跳ばずに使うあそびとして考えて、実践してみましょう。高さが調節できる分、身長や用途に合わせてたくさん活用できるはずです。

## 踏切板とマットは
## とび箱にくっつける

とび箱の前後に踏切板、マットを置くときは、とび箱にぴったりついているかを確認してから遊びましょう。ずれて隙間があいていると、手や足をはさんでけがをすることがあります。

# とび箱ジャンプ

とび箱の上に跳び乗って、跳び降りる。跳び乗り方や跳び降り方をいろいろ工夫する。

3・4・5歳　移動する運動

登る・降りる　跳ぶ・またぐ

とび箱

### STEP1
### 跳び乗る
助走をつけて両足、もしくは片足で踏み切り、とび箱に跳び乗る。

### STEP2
### 跳び降りる
とび箱の上で両足を揃えて跳び降りる。

### STEP3
### 着地してポーズを決める
ひざを曲げて、両足で着地する。好きなポーズをとる。

いろいろな跳び降り方に挑戦しましょう。一人ひとりが自由に跳び降りたり、アイデアを出し合ったりしてみましょう。
・できるだけ遠くに着地する
・目標の着地エリアを決める
・両手を頭の上でたたいて着地する
・両手を空中で4回たたいて着地する
・両手両足を大の字に開き、閉じて着地する
・回転して後ろ向きに着地する　等

とび箱・踏切板・マット

基本 とび箱　発展 とび箱またぎ越し／足かけとび箱まわり／またぎ乗り・ひざ乗り・足乗り

## とび箱 発展のあそび
# とび箱またぎ越し

 人数 1人〜　 年齢 4歳〜　 使う物 とび箱・踏切板・マット

**発展ポイント**　踏切板を使って、とび箱を跳び越える

**ここが育つ**
- 瞬発力　・スピード　・調整力　・リズム
- 身体認識力　・空間認知能力
- 移動系運動スキル

**ルール**
1. とび箱を横向きにし、手前に踏切板、奥にマットを敷く。
2. 助走をつけて踏切板で踏み切る。
3. とび箱をまたいで着地する。
4. とび箱を少しずつ高くして跳ぶ。

ひざを曲げて両足をそろえ、やわらかく着地します。

足の裏全体を使って踏み切ります。

## とび箱 発展のあそび
# 足かけとび箱まわり

 人数 1人〜　 年齢 4歳〜　 使う物 とび箱

**発展ポイント**　とび箱の高さを利用し、腕の力で支えて移動する

**ここが育つ**
- 筋力　・持久力　・巧緻性　・リズム
- 身体認識力　・空間認知能力
- 移動系運動スキル

**ルール**
1. とび箱の上に両足を乗せる。
2. 両手を床につき、腕でからだを支えながら、とび箱のまわりをまわる。

指はしっかり開いてにつきます（P122マットの手のつき方参照）。

前転や後転、側転などのマット運動の練習にもなります。

## とび箱 発展のあそび
# またぎ乗り・ひざ乗り・足乗り

| 人数 | 年齢 | 使う物 |
|---|---|---|
| 1人～ | 4歳～ | とび箱・マット・踏切板 |

**発展ポイント** とび箱に乗り、跳び越える動きに慣れる

**ここが育つ**
- 筋力 ・瞬発力 ・リズム ・スピード ・バランス
- 身体認識力 ・空間認知能力
- 移動系運動スキル

### またぎ乗り
**ルール**
1. とび箱を縦に置く。助走をつけて両足で踏み切ってとび箱に手をつき、またがる。
2. 手で支え、おしりを浮かせながら前に移動する。
3. とび箱の端を手で押しながら降りる。

**保育者のポイント**
うまく跳び乗れない子は、低いとび箱に手をついた状態から、腰が高く上がるようにジャンプする練習をしましょう。

リズミカルに踏み切りましょう。

とび箱の上で両足は手の外側にくるようにします。

### ひざ乗り
**ルール**
1. 助走をつけて両足で踏み切ってとび箱に手をつき、ひざで乗る。
2. とび箱の上でしゃがむような体勢になる。
3. とび箱の端から跳び降りる。

### 足乗り
**ルール**
1. 助走をつけて両足で踏み切ってとび箱に手をつき、両足で乗る。
2. そのまま、とび箱の端まで移動する。
3. 跳び降りる。

3・4・5歳 移動する運動

登る・降りる 跳ぶ・またぐ

とび箱

とび箱・踏切板・マット

基本 とび箱 発展 開脚とび

# とび箱 発展のあそび
# 開脚とび

人数
1人〜

年齢
4歳〜

使う物
とび箱・
踏切板・
マット

**発展ポイント** 開脚してとび箱を跳び越える

**ここが育つ**
- 筋力 ・瞬発力 ・巧緻性 ・スピード ・バランス
- 身体認識力 ・空間認知能力
- 移動系運動スキル

**注意**
**目線は下げない**
跳び越すときに、目線が下（おなかのほう）に向くと、背中が丸くなり、前転のように転がりやすく、大変危険です。

**とび箱で跳ぶ前に
おすすめのあそび**
カエル跳び越し

### STEP1
### カエルの姿勢になる

マットを横向きにする。その手前でひざを開いてしゃがみ、手は床につける。目線は前を向く。

子どもにとって、未経験の動きは恐いことであり、一度失敗してしまうと、その後できなくなることがあります。まずは落ちる心配のないマットで、開脚とびと同じ動きを体験してみましょう。

### STEP2
### 手をマットの縁にかけて跳ぶ

マットの縁に手をかけるように、上体を移動させる。目線は前を向いたままで、足を踏み切って、頭を前に突き出すように腕で支えながら前方に跳ぶ。

頭を前に押し出すように、マットについた手で押します。頭と肩が乗り越える感覚をつかむと、開脚とびがスムーズにできるようになります。

### STEP3
### 着地する

足を広げて両足で着地する。目線は前を向いたままにする。

短い距離で小さく跳び越す練習からはじめ、だんだん距離を伸ばしていきましょう。

## 1段からトライ！
### 開脚とび

> 恐がる子どもには、最初からまたぎ越すようにさせるのではなく、踏み切って、とび箱の上にカエルの姿勢で乗ることから始めましょう。

#### STEP1
**とび箱の縁に手をかける**

低いとび箱を横向きに置き、奥側の縁に手をかける。

#### STEP2
**開脚してとび箱を跳び越す**

足で踏み切って両足を広げると同時に、手で頭を前に押し出すようにする。

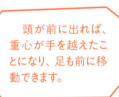

**保育者のポイント**
目線の位置を手で示すと、子どもの目線が下がらなくなり、安全性が高まります。開脚するためにひざを伸ばそうと意識すると、目線が下がりやすくなります。目線が下がると落下の危険があります。

> 頭が前に出れば、重心が手を越えたことになり、足も前に移動できます。

#### STEP3
**着地する**

おしりが手の位置に近づいたら、押し出すように手を離し、両足のひざは曲げて着地をする。目線は前を向いたままにする。

> 跳び越せるようになったら、踏切板を使って、手前から助走をつけて跳ぶ練習をしてみましょう。

> 目線は1.5～2メートルくらい先の床を見るようにします。

---

3・4・5歳　移動する運動

登る・降りる　跳ぶ・またぐ

とび箱

とび箱・踏切板・マット

## 移動する運動 / すべる

# 基本のあそび
# すべり台

| 人数 | 年齢 | 使う物 |
|---|---|---|
| 1人〜 | 0歳〜 | すべり台 |

**発展** あお向けすべり ▶ P136 ／ うつ伏せすべり ▶ P136 ／ 四つ這い逆のぼり ▶ P137 ／ 立ち逆のぼり ▶ P137

**ねらい**
階段を登ることや、すべり降りるスピードを楽しむ

**ここが育つ**
- 筋力 ・バランス ・スピード ・社会性
- 身体認識力 ・空間認知能力
- 移動系運動スキル

### 足のばしすべり

**ルール**
1. 階段を登る。
2. 1人ずつすべる。
3. 次の子は、前の子がすべり台から離れてからすべりはじめる。

**注意 保育者は必ず側に**
手を離してしまうこともあるので、必ず保育者が側につき、安全を見守りましょう。

**注意 遊ぶ前にチェック！**
夏はすべり面が熱くなります。また、雨が降った後は濡れていることがあります。遊ぶ前に必ず保育者がすべり面をさわって、確認しましょう。

**STEP3 すべる**
一気にすべり降りることで、すべり台ならではのスピードが体感できる。また、姿勢を保つための筋力が鍛えられ、バランス感覚が身につく。

**低年齢児用のすべり台のあそび方**
- 四つ這いで段差を登る
- 四つ這いですべる
- 歩行がしっかりしてきたら、手すりをつかんで登ったり降りたりする
- 座ってすべる

### こんなときどうする？ Q&A

**Q** 何度注意しても、すべり台を下から登る子はどうすればいい？

**A** 遊具による事故で搬送される子どもの数は、すべり台が突出して多いことを知っていますか？　ダメ、危ない、と伝えるだけではなく、けがをすると明日から遊べないこと、そして、友だちにもけがをさせる可能性のあることを伝えましょう。今の危険だけではなく、事故の後をイメージさせることが大切です。

### アレンジあそび

**手あそびすべり**
両足はのばし、手はひざの上に置いたり、組んだり、たたいたり、腕組みやバンザイをしながらすべる。

**足あげすべり**
手すりを持ち、両足（片足）を上げて、すべる。慣れたら、足を上げながら両手を上げて、バンザイの姿勢ですべる。

#### STEP2 待つ
必ず1人ずつすべる。順番を待ったり、まわりに配慮しながら登ったりすることで、社会性が身につく。

**保育者のポイント**
階段を登る途中で恐くなった子へのサポートは、周囲の子にも十分配慮しながら行いましょう。
・下から登ってくる子に待ってもらい、一段ずつ降りるように声をかける
・自分で降りられない場合は、抱きかかえて降ろす

#### STEP1 登る
階段を登ることで、背中や腰・足などの下半身の筋力が強化される。また、繰り返し挑戦することで根気強くなる。

### こんなときどうする？ Q&A

**Q 夢中になると、順番の守れない子がいます**

**A**「一番にすべりたいくらい楽しいんだね」と気持ちをくみつつ、友だちも同じ気持ちだよ、横入りされたら悲しいよね、といっしょに遊ぶ相手の気持ちを伝えてあげてください。「待っている間、友だちを応援しよう！」というのも、おすすめです。そして、上手に待てたら、うんとほめてあげてください。

### 注意 しっかり手すりをつかむ
すべり台の階段は急なので、足を踏み外し、階段のすきまから落下する危険があります。しっかり手すりをつかんで階段を登るように言葉をかけ、慣れないうちは、必ず保育者が支えられる位置で安全を見守りましょう。

---

3・4・5歳　移動する運動

すべる　すべり台

基本 すべり台 発展 あお向けすべり／うつ伏せすべり／四つ這い逆のぼり／立ち逆のぼり

## すべり台 発展のあそび
# あお向けすべり

人数  1人〜
年齢  3歳〜
使う物  すべり台

**発展ポイント** あお向けの姿勢で
スピードを感じながらすべる

**ここが育つ**
・バランス ・スピード
・空間認知能力
・移動系運動スキル

**ルール**
1. あお向けになってすべる。
2. 両手は上げたままや、下げたままにしたり、腕組みをしたりしてすべる。

## すべり台 発展のあそび
# うつ伏せすべり

人数  1人〜
年齢  3歳〜
使う物  すべり台・マット

**発展ポイント** うつ伏せの姿勢で
スピードを感じながらすべる

**ここが育つ**
・巧緻性 ・バランス ・スピード
・空間認知能力
・移動系運動スキル

**ルール**
1. うつ伏せになってすべる。
2. 両手を前に伸ばしてすべり降りる。

**注意 降りるところにマットを敷く**
安全のため、降りるところにはマットを敷いておきましょう。

## すべり台 発展のあそび
# 四つ這い逆のぼり

- 人数 1人〜
- 年齢 3歳〜
- 使う物 すべり台

**保育者のポイント**
室内用のすべり台なら、首がすわれば0歳から挑戦できます。室内で遊ぶ際にも、転倒・落下の危険があるので、必ず側について見守りましょう。

**発展ポイント** すべり面を登ることで筋力がつく

**ここが育つ**
- 筋力 ・バランス ・調整力
- 身体認識力 ・空間認知能力
- 移動系運動スキル

**ルール**
1. 四つ這い、もしくは手すりを持ちながら、すべり面を登る。
2. 両手ですべり台の枠をしっかり握って登る。

⚠ 逆のぼりは、運動技術面の伸びを目的とした場合に大切な動きの学習となりますが、保育者や指導者のいない一般公園のすべり台では、多くの子どもたちが使用するため、必ず上からすべるというルールにし、逆のぼりは行わないようにしましょう。

**注意 このあそびでは下から上への一方通行にする**
このような変則的なあそびを行う場合は、衝突や落下などの危険が伴います。必ず保育者が側につき、目を離さないようにしましょう。

---

## すべり台 発展のあそび
# 立ち逆のぼり

- 人数 1人〜
- 年齢 4歳〜
- 使う物 すべり台

**発展ポイント** 立ってすべり面を登ることで、筋力や瞬発力、バランス感覚が身につく

**ここが育つ**
- 筋力 ・瞬発力 ・バランス ・スピード
- 空間認知能力
- 移動系運動スキル

**ルール**
1. 立って斜面を登る。
2. 少しずつスピードをつけて登る。

**注意 このあそびでは下から上への一方通行にする**

# 基本のあそび
## ジャングルジム

**移動する運動**
登る・降りる・くぐる・這う

| 人数 | 年齢 | 使う物 |
|---|---|---|
| 1人〜 | 2歳〜 | ジャングルジム |

**発展** 電車が通ります！▶P140 ／ めざせ！スパイダーマン▶P140 ／ 立体迷路▶P141 ／ おうちごっこ▶P141 ／ 登山をしよう！▶P142 ／ だるまさんがころんだ（ジャングルジム）▶P142 ／ おにごっこ▶P143 ／ 高おに▶P143

**ねらい**
ジャングルジムの枠や空間を利用してからだを動かして楽しむ

**ここが育つ**
- 筋力 ・協応性 ・バランス ・巧緻性
- 身体認識力 ・空間認知能力
- 移動系運動スキル

> ジャングルジムでのあそびは、手足を独立させて動かす必要があり、複雑な動きを学ぶことができます。片手片足を順に離しながら、からだのバランスをとって移動することで、筋力やバランス感覚が自然と身につきます。

## テレビの2次元に慣れ過ぎている子どもたち

　テレビをたくさん見る子どもは、奥行きや距離感がつかめなくなります。ボールを顔で受けてしまったり、前方から来た人とぶつかってしまったり。いくらよい番組であっても、学びが多くても、テレビは2次元の世界。空間認知能力は育ちません。だからこそ、おすすめしたいのは、ジャングルジムを利用したあそびです。

　からだを支える筋力やバランス、手足を器用に動かして登り降りする協応性や巧緻性、そして、3次元の距離感（上下、左右、前後、奥行き）を体験するのに、ジャングルジムはもってこいの遊具。友だちともいっしょに遊ぶことで、心もからだも存分に使うことができます。

**登り降り**
ジャングルジムにしっかりつかまって登り降りをする。上達したら、斜めに登る。

**つたい歩き**
ジャングルジムの周囲を右まわり、左まわりでつたい歩きをする。

## 3・4・5歳 移動する運動

### 登る・降りる・くぐる・這う

## ジャングルジム

 **登っているときは声をかけない**
登っている最中に突然声をかけると、振り返ったりバランスを崩したりして、落下する危険があります。安全に遊べるように見守りましょう。

### くぐり抜け
ジャングルジムの中に入り、上下左右に移動する。

 **高い場所から跳び降りない**
ジャングルジムから跳び降りないこと、降りるときは、1段ずつゆっくり降りるルールを必ず守るように伝えましょう。

### ぶら下がり
外側を向いてぶら下がりをする。慣れたら足を持ち上げ、L字のポーズをとる。

基本 ジャングルジム 発展 電車が通ります！／めざせ！スパイダーマン／立体迷路／おうちごっこ

## ジャングルジム 発展のあそび
# 電車が通ります！

| 人数 | 年齢 | 使う物 |
|---|---|---|
| 2人〜 | 3歳〜 | ジャングルジム |

**発展ポイント** 枠にぶつからないようにかがんで歩く

**ここが育つ**
- 巧緻性 ・調整力 ・筋力
- 身体認識力 ・空間認知能力
- 移動系運動スキル

**ルール**
1. 友だちの肩に手をかけて数人でつながり、電車になる。
2. ジャングルジムの一番下をくぐり抜けて遊ぶ。

駅を設定してお客さんが乗り降りしたり、さらに電車が連結したりもできます。

---

## ジャングルジム 発展のあそび
# めざせ！スパイダーマン

| 人数 | 年齢 | 使う物 |
|---|---|---|
| 1人〜 | 3歳〜 | ジャングルジム |

**発展ポイント** 斜めに登るルートを考えながら移動する

**ここが育つ**
- 筋力 ・協応性 ・バランス ・巧緻性
- 身体認識力 ・空間認知能力
- 移動系運動スキル

**ルール**
1. 斜め上に向かって頂上まで登る。
2. 右斜め上に向かって登ったら、次は左斜め上に登る。

 斜め下に降りるのにも挑戦するとよい。

登り方を限定し、どの手でどこをつかみ、次はどの足をどこにかけるかを考えながら進むことで、身体認識力や空間認知能力が伸びます。

## ジャングルジム 発展のあそび
# 立体迷路

- 人数 1人〜
- 年齢 3歳〜
- 使う物 ジャングルジム

**保育者のポイント**
競争させずに、1人でじっくり考えながら遊べるようにしましょう。

**発展ポイント** ルートを考えながら、登ったり降りたりする

**ここが育つ**
- 筋力 ・巧緻性 ・柔軟性 ・バランス
- 身体認識力 ・空間認知能力
- 移動系運動スキル

**ルール**
1. 入口と出口を決める。
2. 通り抜ける場所と順番を決め、出口までルートを考えながら進む。

★ 途中で通らなければいけない場所（チェックポイント）を決めてもよい。

---

## ジャングルジム 発展のあそび
# おうちごっこ

- 人数 2人〜
- 年齢 2歳〜
- 使う物 ジャングルジム・おままごと道具

子どもは、狭い空間で友だちと遊ぶことが大好きです。親しみやつながりが強くなり、コミュニケーション能力や社会性の発達につながります。

**保育者のポイント**
「今日のごはんはなあに？」「お風呂わいたかな？」等、子どもの空想の世界を広げられるように、あそびを見守りつつ、時々言葉をかけてみましょう。

**発展ポイント** ジャングルジムを家に見立てて遊ぶ

**ここが育つ**
- 巧緻性 ・空間認知能力
- 移動系運動スキル

**ルール**
1. ジャングルジムをおうちに見立てて、遊ぶ。
2. 玄関や部屋、台所など、自由な発想で遊べるようにする。

3・4・5歳　移動する運動

登る・降りる・くぐる・這う

ジャングルジム

ジャングルジム・おままごと道具

基本 ジャングルジム　発展 登山をしよう！／だるまさんがころんだ（ジャングルジム）／おにごっこ／高おに

## ジャングルジム 発展のあそび
# 登山をしよう！

友だちを追い越したり、押したりしない約束をして登るようにしましょう。

**発展ポイント**　ルートを考えながら、登ったり降りたりする

**ここが育つ**
- 筋力 ・協応性 ・バランス ・巧緻性
- 身体認識力 ・空間認知能力
- 移動系運動スキル

**ルール**
1. ジャングルジムを山に見立て、登り口と降り口を決める。
2. 山の頂上をめざして登る。
3. 頂上に着いたら、降り口に進む。

降り口　　登り口

---

## ジャングルジム 発展のあそび
# だるまさんがころんだ（ジャングルジム）

**発展ポイント**　ゲームのルールに合わせてジャングルジムを登ったり、降りたりする

**ここが育つ**
- 筋力 ・協応性 ・バランス ・巧緻性
- 身体認識力 ・空間認知能力
- 移動系運動スキル

**ルール**
1. おにを決める。おに以外はジャングルジムに登る。
2. おにが「だるまさんがころんだ」と言っている間に、ジャングルジムから降りる。
3. おにが振り向くと同時に動きを止め、からだを支える。

★ だるまさんがころんだの詳しいルールはP110。

## ジャングルジム 発展のあそび
# おにごっこ

- 人数: 5人〜
- 年齢: 3歳〜
- 使う物: ジャングルジム

**注意　安全に楽しめるルールを決める**
友だちとぶつからないように、登り降りの方向を決めたり、からだのどこをタッチするかを決めたりして、安全に遊べるルールを考えましょう。

**発展ポイント**　ゲームのルールに合わせてジャングルジムを登ったり、降りたりする

**ここが育つ**
- 筋力 ・協応性 ・バランス ・巧緻性
- 身体認識力 ・空間認知能力
- 移動系運動スキル

**ルール**
1. おにを決める。おに以外は、ジャングルジムに登る。
2. 「はじめ」の合図で、おにもジャングルジムに登り、子どもを追いかける。移動できるのは、ジャングルジムの中だけにする。
3. おににタッチされたら、おにを交替する。

★ 制限時間を決めてもよい。

---

## ジャングルジム 発展のあそび
# 高おに

- 人数: 5人〜
- 年齢: 3歳〜
- 使う物: ジャングルジム

**発展ポイント**　ゲームのルールに合わせてジャングルジムを登ったり、降りたりする

**ここが育つ**
- 筋力 ・協応性 ・バランス ・巧緻性
- 身体認識力 ・空間認知能力
- 移動系運動スキル

**ルール**
1. おにを決め、「はじめ」の合図で地面にいるおにから逃げ、ジャングルジムや高い場所に登る。
2. 少しでも地面より高いところにいれば、つかまらない。
3. 高いところにいられるのは、10秒間だけにする。
4. 地面にいるときにおににタッチされたら、おにを交替する。

3・4・5歳　移動する運動　登る・降りる・くぐる・這う　ジャングルジム

# 遊べば遊ぶほど
# 心も豊かに成長する

## 「間抜け現象」の進行を防ぐために

現代の子どもたちの物足りないあそび環境を表すために、私は「間抜け現象」という言葉を使っています。あそび場（空間）がない、あそび仲間がいない、あそびの時間がない。3つの「間」のひとつでも欠けている状態、いわゆる「間」が抜けている状態なのです。

昔は道端でよく遊んだものですが、昨今は公園ですら規制が多く、自由に遊べない状態です。地域のつながりも薄れ、近所の友だちもすぐにできるわけではありません。そして、習い事をたくさんしていたり、両親の予定に付き合ったり、多忙な毎日で、地域や近隣の友だちとゆっくり遊ぶ時間すらとれません。

この「間抜け」が進行すると、心が育たず、興奮と抑制のコントロールができない幼稚型の大人になってしまうのです。人との交流が苦手で、自分の将来をうまくイメージできない。キレやすく、落ち着きのない子どもが増えている現状と重なります。これは、あそびによる心の経験が圧倒的に不足しているからなのです。今、保育園や幼稚園は、子どもたちが自由に友だちと遊べる貴重な場と言えるでしょう。友だちといっしょに遊ぶ喜びはもちろん、けんかで味わうくやしさ、うまくできないもどかしさ、仲直りの安心感など、たくさんの感情を経験させてあげたいですね。

---

## たくさん遊ぶと子どもの心は安定する

夢中になってたくさん遊んだ子どもの心は、不思議と落ち着いています。それは、あそびによって不安や怒り、恐れ、不満などの日々蓄積する感情が解放されるからです。心の問題、というとデリケートに対応しがちですが、そんなときこそ、思いきり、汗をかくくらい遊ぶことが一番の解決策。運動すればするほど、情緒は健全に発達し、安定するのです。子どもと相撲をとると、目をきらきらさせて、何度も何度も向かってくるようになります。脳にとって、これほど豊かな経験はありません。夢中になれるあそびこそ、子どもの成長にもっとも必要なものなのです。

## 集団の中でしか学べないことがある

近頃、ガキ大将をすっかり見かけなくなりました。私が子どもの頃は、必ず近所にいたものです。少し恐いけれど、あそびを仕切ってくれて、遊び方も教えてくれて、なんだかんだ面倒をみてくれる。その子を中心に、異年齢の子どもたちが集まってよく遊んだものです。しかし、都市化や少子化が進んだせいか、子どものコミュニティが自然にできることは少なくなりました。

でも、子どもたちには、子どもたち同士での関わり合いの中でしか学べないことがたくさんあります。あそびの中でルールを守ったり、相手を気づかったり、強く主張したり、時にはぐっとこらえたり。社会生活に欠かせない集団の規律や、思いやりの心といった人間らしい情緒は、子どもたちの人間関係の中でこそ、築かれるものです。友だちと外に出て、たくさん、思いきり遊ぶ。それこそが、からだも心も育てる最良の選択と言えます。

# バランスをとる運動
## （平衡系運動スキル）

普段なにげなく行っている、立つ、歩くといったことも姿勢を維持する「バランスをとる力」が必要な動作です。特に幼児は頭が大きく、不安定なので、ここで紹介する運動あそびをたくさん経験すると、身のこなしが軽くなり、転倒や転落を防ぐ力もつきます。

片足ポーズ　　缶のりバランス

片手バランス　　陣取りジャンケン

## バランスをとる運動 — バランス

# 基本のあそび
# バランスあそび

人数 1人〜　年齢 2歳〜

発展　缶のりバランス ▶ P148 ／ 新聞紙のりジャンケン ▶ P148 ／ フットホーン（足電話）▶ P149 ／ バランスけんけん ▶ P149 ／ かかしおに ▶ P150 ／ たいこばし ▶ P151

**ねらい**　からだの一部で支えながら、バランスを保つ

**ここが育つ**
- 筋力　・バランス　・持久力
- 身体認識力
- 平衡系運動スキル

**ルール**
1. 片足、片手、両手、おしりを使い、倒れないようにからだを支える。

### 片足ポーズ
両手を左右に広げ、片足を後ろに引き上げて立つ。からだを前に倒しながら、からだと引き上げた足が一直線になるようにバランスをとる。

### フラミンゴ競争
片足立ちで目をつぶり、何秒立っていられるかを競う。

**保育者のポイント**
「フラミンゴになろう！」と伝えると、ポーズのイメージがわきやすく、楽しみながらできます。

### 2人でポーズ
2人で向かい合わせで両手をつなぎ、片足で立つ。しっかり足を上げ、同じポーズをとる。

### アレンジあそび

#### 2人で背中合わせ立ち
2人で背中を合わせて立ち、両手をつなぐ。かけ声を合図に、2人とも片足を上げて、バランスをとる。もう片方の足でも行い、交互に上げ下げをする。

#### けんけんずもう
土俵を決め、2人が向かい合わせになり、片足で立つ。かけ声を合図に、けんけんしながら相手のバランスを崩すように、両手を打ち合わせて押し合い、両足で立ってしまったほうが負け。

#### 片手バランス
腕立て伏せの体勢から片手を離してからだを開き、両手がまっすぐになるようにする。両足はしっかり伸ばす。

#### V字バランス
体操すわりの状態から、両手を後ろの床についてからだを支え、両足を上げる。足はつま先まで伸ばし、胴体と脚が直角になるようにする。

> 慣れたら、両手を床から離して左右に開き、バランスを保ってみましょう。

## バランス感覚を鍛えればけがは防げる

バランス感覚とは、姿勢を維持する力。歩いても、走っても、跳んでも、姿勢を保つことが必要です。つまり、あらゆる運動の基礎となる能力なのです。そして、バランス感覚は、からだを守る安全能力とも直結しています。危ないところでも倒れなかったり、ふんばりがきくというのは、バランス感覚が鍛えられているからこそ、できること。バランスあそびをたくさんすることは、大きなけがを自分で防ぐ力を身につけていくことになります。

基本 バランスあそび 発展 缶のりバランス ／ 新聞紙のりジャンケン ／ フットホーン（足電話）／ バランスけんけん

## バランス 発展のあそび
# 缶のりバランス

- 人数 1人〜
- 年齢 3歳〜
- 使う物 空き缶

**発展ポイント** 缶の上で落ちないようにバランスをとる

**ここが育つ**
- 身体認識力
- 平衡系運動スキル

**ルール**
1. 空き缶の上に片足で立って、落ちないようにバランスをとる。
2. 数を数えたり、目標の時間まで落ちないでいられるか等を競う。

**アレンジあそび**
**缶のりずもう**
2人で向かい合って缶の上に片足で立ち、両手をつき合わせてバランスを崩す。

## バランス 発展のあそび
# 新聞紙のりジャンケン

- 人数 2人〜
- 年齢 4歳〜
- 使う物 新聞紙

**発展ポイント** 限られたスペースでバランスをとる

**ここが育つ**
- 筋力 ・バランス ・持久力
- 身体認識力
- 平衡系運動スキル

**ルール**
1. 新聞紙の上に乗り、ジャンケンをする。
2. 負けた子が新聞紙を半分に折る。
3. ジャンケンを繰り返し、新聞紙が小さくなって乗れなくなった子の負け。

**アレンジあそび**
**2人組ジャンケン**
2人1組で1枚の新聞紙に乗り、2人対2人で新聞紙のりジャンケンをする。新聞紙が小さくなってきたら、横に並んだり、おんぶしたりと、工夫して楽しむ。

## バランス 発展のあそび
# フットホーン（足電話）

- 人数 2人〜
- 年齢 4歳〜

**アレンジあそび**
**足長電話**
相手が長い返事をしなければならない質問をする。グループ対抗や勝ち抜き戦にすると、みんなで盛り上がる。

**発展ポイント**　バランスをとる体勢を維持しながらゲームを行う

**ここが育つ**
- 筋力　・柔軟性
- 身体認識力
- 平衡系運動スキル

**ルール**
1. 2人組でジャンケンをする。
2. 負けた子が両手で片足を持ち、耳に近づけ、「もしもし」と言って話す。
3. 話し終わったら、「どうぞ」と言って足を降ろし、交替する。
4. 話をする前に、足を降ろしてしまったほうが負け。

★ 立ってするのが難しい場合は、座って行う。

---

## バランス 発展のあそび
# バランスけんけん

- 人数 1人〜
- 年齢 3歳〜
- 使う物 小さめのフラフープ

**アレンジあそび**
**忍者競走**
2セット用意して、先にゴールしたほうが勝ち。

**発展ポイント**　バランスをとりながら片足とびで移動する

**ここが育つ**
- 筋力　・瞬発力　・リズム
- 身体認識力　・空間認知能力
- 平衡系運動スキル　・移動系運動スキル

**ルール**
1. フラフープを間をあけて床に置く。
2. フラフープを動かさないようにしながら、片足で渡る。
3. 慣れたら、テンポよく跳んで渡れるようにする。

★ 小さめのフラフープがない場合は、新聞紙でつくったり、ビニールテープを床に貼ったりして輪に見立ててもよい。

基本 バランスあそび 発展 かかしおに／たいこばし

## バランス 発展のあそび
# かかしおに

人数 4人〜　年齢 3歳〜

**発展ポイント**　バランスあそびを取り入れたおにごっこを行う

**ここが育つ**
- 筋力 ・敏捷性 ・スピード
- 身体認識力 ・空間認知能力
- 移動系運動スキル ・平衡系運動スキル

**ルール**
1. おにを1人決める。他は子になり、決められた範囲内で逃げる。
2. 子はおににタッチされると、その場で「かかし」になる。
3. 時間を決めて終わりにする。もしくは、時間内に子が全員タッチされたら終了。最初にタッチされた子が次のおにになる。

### アレンジあそび
**かかし助けおに**
　おににつかまっていない子がかかしにタッチして「助けた！」と言うと、再びつかまっていた子は逃げることができる、助けおにでも楽しめる。その場合は、おにの人数を増やし、かかしとかかしでない子の人数を比べて勝ち負けを決めてもよい。

## バランス 発展のあそび
# たいこばし

| 人数 | 年齢 | 使う物 |
|---|---|---|
| 1人〜 | 4歳〜 | たいこばし |

**発展ポイント** たいこばしを使って、様々な姿勢で動きを楽しむ

**ここが育つ**
- 筋力 ・協応性 ・調整力
- 身体認識力 ・空間認知能力
- 移動系運動スキル ・非移動系運動スキル ・平衡系運動スキル

### 注意！ まわりの子の動きをよく見る
たいこばしでは、ゆっくり慎重に登る子や、途中で引き返す子もいます。無理に追い抜こうとするとぶつかって落下する危険があります。登る子も降りる子も、まわりに気をつけながら遊びましょう。

**保育者のポイント**
頂上まできたら、2本の横棒とからだが平行になるように持ち替えながら、方向を変えましょう。
向きを変える場所の下に立ち、補助する体勢で、ゆっくり方向転換できるように見守りましょう。

頂上まで登り、方向転換をして降りる経験をすることで、精神力や勇気も鍛えられます。

アーチ状のたいこばしは、移動するたびにからだの角度が変わるため、全身の筋力の発達に加え、空間認知能力も発達します。

**保育者のポイント**
高い位置で子どもが怖がるようなら、手をつく位置など、具体的に声をかけたり、人がいないことを確認してから登って来た方向に降りたりしてもよいでしょう。

## 橋渡り
**ルール**
1. 横棒を両手でしっかり握り、両手両足を交互に使って、横棒の上を1段ずつ登る。
2. 頂上まできたら、ゆっくりと方向転換をして、足から降りていく。

## 逆さ橋
**ルール**
1. たいこばしの下にぶら下がり、横棒に両足をかける。
2. 慣れたら、前後に進む。

## バランスをとる運動 / 乗る

### 基本のあそび
# 平均台に乗るあそび

| 人数 | 年齢 | 使う物 |
|---|---|---|
| 1人〜 | 3歳〜 | 平均台 |

**発展** ボールをキャッチ ▶ P154／平均台登り降り ▶ P155／ロデオジャンプ ▶ P155

**ねらい**
平均台に立ち、いろいろなポーズや動きでバランス感覚を育む

**ここが育つ**
- 筋力 ・バランス ・調整力
- 身体認識力
- 平衡系運動スキル

**ルール**
1. 平均台の上に乗る。
2. 立って座る〜その場でまわるを順を追って行い、平均台に慣れる。

> **保育者のポイント**
> 高さと不安定さを恐がる子には、安心して乗れるように保育者が手を添えて上がらせたり、そばで支えたりしましょう。

> 慣れてきたら、かけ声や手拍子に合わせてテンポよく行いましょう。

### STEP1 立って座る
平均台の上に立ち、顔は正面を向いたままゆっくり座る。「立つ・座る」の動作がはっきりできるようになったら、繰り返し行う。

### STEP2 足ぶみ
平均台の上でゆっくり足ぶみをする。徐々にはやくし、正面を向いたまま、両手もしっかり振るようにする。

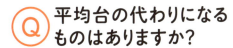

### アレンジあそび

**平均台でだるまさんがころんだ**

平均台の上を歩きながら、「だるまさんがころんだ」のように、おにが振り向いたときにポーズをとり、動いたら平均台から降りる。ポーズをとるときは、必ず片足を上げる、しゃがむ等のルールにしてもよい。

## Q&A こんなときどうする？

**Q** 平均台の代わりになるものはありますか？

**A** 子どもは、ほんのわずかの段差でも、思わず登ってしまうもの。そう、段差があって細い道なら、どこでも平均台になるのです。高さや幅、長さにこだわる必要はありません。公園の砂場のふち等、安全性やモラルに注意すれば、平均台あそびをする場所はいろいろなところにあるはずです。ぜひ見つけてください。

3・4・5歳　バランスをとる運動

乗る

平均台に乗るあそび

**保育者のポイント**
写真を撮るように「ハイ、ポーズ！」とかけ声をかけると、子どもも楽しんでできます。

　**マットで安全性を高める**
高さのある道具を使う場合は、マットを敷いて遊びましょう。子どもも安心して様々な動きに挑戦できます。

**STEP3**
**ポーズをとる**
足を軽く上げ、バランスをとる。片足立ちに慣れたら、足を後ろに高く上げて飛行機のポーズをとる等、様々なポーズをとってみる。

**STEP4**
**その場でまわる**
片足ずつゆっくりと位置を変え、その場でまわる。

平均台

基本 平均台に乗るあそび　発展 ボールをキャッチ ／ 平均台登り降り ／ ロデオジャンプ

## 平均台に乗る 発展のあそび
# ボールをキャッチ

| 人数 | 年齢 | 使う物 |
|---|---|---|
| 1人〜 | 3歳〜 | 平均台・ボール |

**注意** 最初は低い平均台で
バランスをとりながらボールを操作するのは難しいので、子どもが恐がらないように、低い平均台からはじめましょう。

**発展ポイント** 平均台に立った状態で、ボールを操作する

**ここが育つ**
- 協応性　・バランス　・筋力
- 身体認識力　・空間認知能力
- 操作系運動スキル　・平衡系運動スキル

**保育者のポイント**
子どもがキャッチしやすいように、ボールは下手投げにします。

**アレンジあそび**
**ボールにタッチ**
ボールをキャッチできない子は、投げられたボールにさわるだけでもよい。

ボールの代わりに風船を使ってもよいでしょう。あたっても痛くなく、動きがゆっくりになるので、挑戦しやすくなります。風船を使う場合は、風のない環境で行います。

**平均台キャッチボール**
平均台に乗り、投げられたボールを両手でしっかり受け取る。

**セルフキャッチボール**
平均台に乗り、ボールを頭より高く投げ上げ、両手でキャッチする。

## 平均台に乗る 発展のあそび
# 平均台登り降り

- 人数 1人～
- 年齢 3歳～
- 使う物 平均台

**発展ポイント** 平均台を使っていろいろな動きをする

**ここが育つ**
- 筋力 ・巧緻性 ・調整力
- 空間認知能力
- 平衡系運動スキル

**ルール**
1. 平均台に上がって立つ。
2. 平均台から降りる。
3. 平均台の下をくぐる。

「立って」「降りて」「くぐって」と動作内容を知らせながら、テンポよく繰り返しましょう。

---

## 平均台に乗る 発展のあそび
# ロデオジャンプ

- 人数 1人～
- 年齢 5歳～
- 使う物 平均台

**発展ポイント** 平均台を使っていろいろな動きをする

**ここが育つ**
- 筋力 ・調整力 ・リズム
- 空間認知能力
- 平衡運動スキル

**ルール**
1. 平均台の横（端）に立つ。
2. からだは正面を向いたまま、平均台の端に両手をつく。
3. 両手でからだを支えながら、平均台を跳び越すイメージで両足を揃えてジャンプをする。

**保育者のポイント**
両足を揃えて高くジャンプすることを意識できるように、声をかけましょう。

足が上がるようになってきたら、平均台の真ん中で行い、平均台をまたいで跳び越えてみましょう。

★ 関連あそび：側転（P126）

3・4・5歳　バランスをとる運動　乗る　平均台に乗るあそび　平均台・ボール

# バランスをとる運動 乗る・歩く

## 基本のあそび
# 平均台を渡るあそび

| 人数 | 年齢 | 使う物 |
|---|---|---|
| 1人〜 | 3歳〜 | 平均台 |

**発展** 2本渡り ▶ P158 / 陣取りジャンケン ▶ P159 / 両手バランスくずし ▶ P159 / 平均台よじ登りすべりおり ▶ P160

### ねらい
平均台の上でバランスをとって移動する

### ここが育つ
- 筋力 ・バランス ・調整力
- 身体認識力 ・空間認知能力
- 平衡系運動スキル ・移動系運動スキル

### ルール
1. なわ渡りでライン上を落ちずに歩くことに慣れたら、平均台の上に乗る。
2. 横歩き〜後ろ歩きまで、難易度を上げながら、安定して移動できるようにする。

### 平均台を渡る前にやっておきたい！
**なわ渡り**
床に短なわで好きな形をつくり、その上を落ちないように歩く。

### 保育者のポイント
室内の場合は、床にビニールテープで線を引く、屋外の場合はラインマーカーを使用する等、場所に応じたものを利用しましょう。

**追歩**
「追歩」は、前の足を追い越さずに進む歩き方で、常に同じ足が前になります。

**足上げ**
- すり足で追歩
- 踏み出すときに足上げ追歩
- 交差歩き
- 後ろ歩き

のように、少しずつ難しい歩き方に挑戦してみましょう。

### STEP1
**横歩き（追歩→足上げ）**
平均台の上を横向きで片方の端まで歩く。

## アレンジあそび

### 這って渡る

両手を前にして平均台に寝そべるような姿勢になる。平均台をしっかりつかみ、前方を見つめてバランスをとりながら、ゆっくり這って渡る。

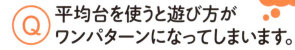

**Q** 平均台を使うと遊び方がワンパターンになってしまいます。

**A** まずは、歩き方を工夫してみましょう。つま先とかかとをくっつけて歩いてみたり、勢いをつけずにゆっくり歩いてみたり。ゾウさん、ネコさん等、動物のまねで想像力まで刺激したり、平均台の上でポーズを決めてみたり。平均台を使っての遊び方は、アイデア次第。うまく活用すれば、子どもたちは夢中になって遊べるはずです。

### STEP2
**前歩き（追歩→足上げ→交差）**

進む方向に向かって正面に立ち、端まで歩く。

**保育者のポイント**
下を向きすぎるとバランスが崩れます。背筋を伸ばして目線をまっすぐにして歩きましょう。

### STEP3
**後ろ歩き（追歩→足上げ→交差）**

進む方向に向かって後ろ向きに立ち、端まで歩く。

基本 平均台を渡るあそび　発展 2本渡り／陣取りジャンケン／両手バランスくずし

## 平均台を渡る 発展のあそび
# 2本渡り

人数 1人～　年齢 3歳～　使う物 平均台

**発展ポイント** 2本の平均台を使っていろいろな歩き方をする

**ここが育つ**
- 筋力 ・リズム ・バランス
- 身体認識力 ・空間認知能力
- 平衡系運動スキル ・移動系運動スキル

**ルール**
1. 2本の平均台を、少し距離をあけて平行に置く。
2. 平均台の上を歩く。

### 四つ這い渡り
2本の平均台の上に四つ這いになり、前後に移動する。

### 1人渡り
2本の平均台に左右それぞれの足を乗せて、前に進む。

### 手つなぎ渡り
2本の平均台に向い合わせになるように1人ずつ立ち、両手をつないで横歩きでいっしょに進む。

**幼稚園の先生より**

## 設定次第で「楽しいあそび」が生まれます

砂場あそびが好き、三輪車が好き等、子どもには好みがあるので、ただ外で自由に遊ぶだけでは動きに偏りが出てしまうものです。その子がいつもしないあそびに誘うには、「なんだか楽しそうだな」と思わせるのがポイント。例えば、砂場の縁を平均台にして渡るなら、「落ちないで歩けるかな？落ちたらワニに食べられちゃうかも！！」こんなひと声でも、子どもたちは目を輝かせて集まってきます。（幼稚園／齋藤）

**注意 押さない引っ張らない**
友だち同士で押したり、引っ張ったりすることがないように注意しましょう。

## 平均台を渡る 発展のあそび
# 陣取りジャンケン

**発展ポイント** 平均台の上でジャンケンゲームを楽しむ

**ここが育つ**
- 筋力 ・バランス ・リズム
- 身体認識力 ・空間認知能力
- 平衡系運動スキル ・移動系運動スキル

**ルール**
1. 2チームにわかれ、平均台の両端にテープを貼る。
2. 両端からスタートし、出会ったところでジャンケンをする。
3. 勝った子はそのまま進み、負けた子は降りてもどって再スタート。
4. 相手チームのテープを踏んだほうが勝ち。

人数を増やして行うとみんなで盛り上がります。

---

## 平均台を渡る 発展のあそび
# 両手バランスくずし

**アレンジあそび**
**おしりバランスくずし**
後ろ向きに進み、おしりがぶつかったところで、おしりだけで押し合う。

**注意**
**落ちるときは相手の手を離す**
手をつないだまま平均台から落ちると、着地のときにバランスがとれず、けがをするおそれがあります。

**発展ポイント** 平均台の上で力だめしのゲームを楽しむ

**ここが育つ**
- 筋力 ・調整力 ・バランス
- 身体認識力 ・空間認知能力
- 平衡系運動スキル ・移動系運動スキル

**ルール**
1. 平均台の両端から歩きはじめる。
2. 出会ったところでお互いの両手を持ち、バランスくずしをする。
3. 平均台からはやく落ちた子が負け。

★ マットを敷いて行う。

---

3・4・5歳 バランスをとる運動 / 乗る・歩く / 平均台を渡るあそび / 平均台・マット

基本 平均台を渡るあそび　発展 平均台よじ登りすべりおり

## 平均台を渡る 発展のあそび
# 平均台よじ登りすべりおり

| 人数 | 年齢 | 使う物 |
|---|---|---|
| 1人〜 | 3歳〜 | 平均台 マット・台 |

**発展ポイント**　平均台に傾斜をつけて、登ったり降りたりする

**ここが育つ**
- 筋力 ・持久力 ・敏捷性 ・巧緻性 ・柔軟性
- 身体認識能力 ・空間認知能力
- 平衡系運動スキル ・移動系運動スキル

**ルール**
1. 平均台の下にマットを敷く。
2. スロープになるように平均台の片側の足の下に台を置き、しっかりと固定する。
3. 這うようにして登ったり、降りたりする。

注意　**平均台をしっかり固定**
下に必ずマットを敷き、平均台がぐらつかないように、しっかりと固定させましょう。

跳び箱を平均台の下にかませて固定する方法もあります。

腹這いや四つ這い等、登り方を変えてみたり、動物になりきって登り降りをしてみましょう。

# 操作する運動

(操作系運動スキル)

道具を操作できるようになると、運動あそびのバリエーションは何倍にも広がり、運動量を増やすきっかけにもなります。道具にボールや身近な廃材などを利用する楽しいあそび、ゲーム性があって子どもたちが夢中になれるあそびをたくさんご紹介します。

ラッコ

カップでキャッチ

フラフープまわし

新聞バランス

## 操作する運動 持つ

### 基本のあそび
# ボールを持つあそび

| 人数 | 年齢 | 使う物 |
|---|---|---|
| 1人〜 | 2歳〜 | ボール |

**発展** カンガルージャンプ ▶ P164 ／ ボールの赤ちゃん ▶ P164 ／ 走ってとって ▶ P165

**ねらい** ボールを持ち、保持する力をつける

**ここが育つ**
- 筋力 ・巧緻性 ・協応性
- 身体認識力
- 操作系運動スキル

**ルール**
1. からだのあちこちを使ってボールを持つ。
2. 持った状態を維持する。

### ラッコ
仰向けになって、ボールをおなかや両足にはさみ、背中を丸めてゆりかごのようにからだを前後に揺らす。

> からだを丸め、前後にリズミカルに揺れることで、前転や後転の準備運動にもなります。

### ボール持ち競争
からだのいろいろな部分を使って、できるだけたくさんボールを持ったりはさんだりする。

> いろいろな大きさのボールを使って挑戦してみましょう。

### アレンジあそび

**横並び足ボール送り**
横並びに座り、足ではさんだボールを隣の子に順々に送っていく。2チーム以上で競争しても楽しい。

**いろいろボール送り**
1列に並び、足を広げて立つ。足の間から後ろの子へボールを送る。頭の上から送る等、いろいろな送り方をしても楽しめる。

**クレーン**
足を前に伸ばして座り、手を後ろにしてからだを支えながら、両足にボールをはさんで落とさないようにボールを上下させる。

何秒足を上げたままでいられるかを競争したり、リズムに合わせて上下したり等、楽しみながら行えます。

**足だけボール渡し**
向かい合わせに2人で座り、足でボールの受け渡しをする。

## ボールの指導で気をつけるべきこと

まず、ボールを子どもたちに渡す前に、ルールや約束事をしっかり伝えましょう。先に渡してしまうと、すぐにボールをついたり、投げたり遊びはじめてしまって、安全が確保できません。また、弾み具合の調節も大切。まだ扱いに慣れていない場合は、空気を少し抜いて、やわらかい状態で。予想外のところに行ってしまったボールを追いかけて子ども同士がぶつかることもあるため、スペースを十分に確保することが必要です。

基本 ボールを持つあそび 発展 カンガルージャンプ / ボールの赤ちゃん / 走ってとって

## ボールを持つ 発展のあそび
# カンガルージャンプ

- 人数 1人〜
- 年齢 3歳〜
- 使う物 ボール

> 慣れたら、ゴールを決めて競争したり、リレーをしたりして楽しみましょう。短い距離でも、たくさんからだが動かせます。

**発展ポイント** ボールを持ちながら移動する

**ここが育つ**
- 筋力 ・瞬発力 ・巧緻性 ・リズム
- 身体認識力
- 移動系運動スキル ・操作系運動スキル

**ルール**
1. ボールを両足ではさむ。
2. ボールを落とさないように、ジャンプしながら移動する。

## ボールを持つ 発展のあそび
# ボールの赤ちゃん

- 人数 1人〜
- 年齢 3歳〜
- 使う物 ボール

> 注意
> **ゆっくり歩こう**
> 両手を後ろにしているので、転んだときに顔から転倒する危険があります。ボールを持ったらゆっくり歩くよう注意しましょう。

**発展ポイント** ボールを持ちながら移動する

**ここが育つ**
- 筋力 ・柔軟性 ・巧緻性
- 身体認識力
- 移動系運動スキル ・操作系運動スキル

**ルール**
1. ボールをおんぶする。
2. おんぶしたまま歩く。

 慣れてきたら、ボールの重さや大きさを変えたり、スキップしたり、いろいろなバリエーションに挑戦する。リレーに発展させてもよい。

ボールを持つ **発展**のあそび

# 走ってとって

人数 2人～

年齢 3歳～

使う物 ボール

**発展ポイント** ボールを持ちながら移動する

**ここが育つ**
- 筋力 ・敏捷性 ・スピード
- 身体認識力
- 移動系運動スキル ・操作系運動スキル

**ルール**
1. スタートラインに横1列に並ぶ。ボールは少し離れた場所に置いておく。
2. スタートの合図で走り、ボールを取ってもどってくる。
3. スタートのポーズを変えて行ってもよい（しゃがむ・後ろを向く・後ろ向きでしゃがむ・うつぶせになる・寝る等）。

**アレンジあそび**

**ボールとり競争**
ボールを1個にして、2人でどちらがはやく取れるかを競争する。

**保育者のポイント**
ボールを取ったら、どのような方法で持ってくるか（転がす・股にはさむ・つく等）、子どもたちに考えさせてみましょう。そして、いいアイデアが出たらほめてあげましょう。考えるのは得意だけれど、運動が苦手、というような子どもでも、楽しんで参加でき、その子の自信ややる気につながります。また、まわりの子どもも友だちのよいところに気づくことができ、それによってお互いを認め、尊重できるようになります。

3・4・5歳 操作する運動

持つ

ボールを持つあそび

ボール

操作する運動 / 転がす・蹴る

## 基本のあそび
# ボールを転がすあそび

人数 1人〜　年齢 3歳〜　使う物 ボール・的

発展　ナイスキャッチ！▶P168 ／ ゴールにシュート！▶P168 ／ ドアを開けて！▶P169

**ねらい**
ボールを転がす、蹴る、止める等のコントロール力をつける

**ここが育つ**
- 協応性　・筋力
- 身体認識力　・空間認知能力
- 操作系運動スキル

### ボール転がし
的に向かってボールを転がす。あたると音が鳴る的や、光り輝く的などにすると、子どもたちは興味をもって取り組める。

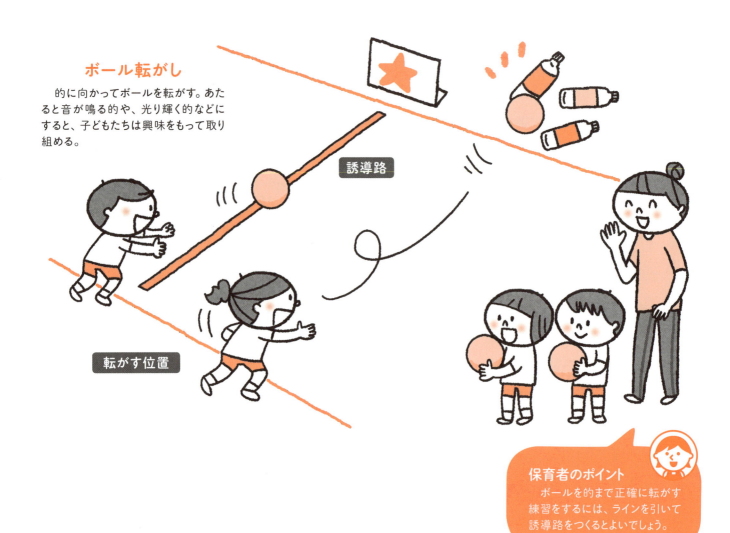

誘導路

転がす位置

**保育者のポイント**
ボールを的まで正確に転がす練習をするには、ラインを引いて誘導路をつくるとよいでしょう。

### アレンジあそび

#### 2人で転がしパス

2人1組になり、向かい合って両足を広げて座る。1人がボールを手や足で相手のほうに転がし、もう1人は受け止める。背中合わせに立ち、両足を広げてその間（股下）から転がしたり、人数を増やして遊んだり等、様々なアレンジで楽しむ。

#### ボールパス

**つま先で蹴る**

止まっているボールをつま先で蹴ることからはじめる。慣れたら転がってくるボールを蹴ったり、走りながら蹴ったりする。

**足の甲で蹴る**

足の甲で蹴ることができると、ボールの方向をコントロールしやすくなる。慣れたら、いろいろな方向に蹴りながら進んだり、遠くに蹴ったりする。

**ボールを両手で受け止める**

からだを低くし、両手のひらを前に出し、ボールを胸にかかえ込むようにからだの正面で受け止める。

**ボールを足で受け止める**

ボールを片足で止めたり、両足を揃えて止めたり、足の内側で止めたりする。

3・4・5歳　操作する運動

転がす・蹴る　ボールを転がすあそび　ボール・的

基本 ボールを転がすあそび　発展 ナイスキャッチ！／ゴールにシュート！／ドアを開けて！

## ボールを転がす 発展のあそび
# ナイスキャッチ！

- 人数 2人～
- 年齢 3歳～
- 使う物 ボール

**保育者のポイント**
キャッチする体勢は「次は足、その次はおしり！」等、保育者が指示するか、毎回違う体勢になるよう子どもに考えさせてもよいでしょう。止め方を工夫できた子はほめましょう。

**発展ポイント**
ボールをコントロールして転がし、受け止める

**ここが育つ**
- 巧緻性 ・協応性 ・敏捷性
- 身体認識力 ・空間認知能力
- 操作系運動スキル

**ルール**
1. 2人1組になる。
2. 1人が転がしたボールを、もう1人が両手でキャッチする。
3. 片足・おしり・おなか・頭など、からだの様々な部分でキャッチする。

★ ボールの大きさや転がすスピードを変えてもよい。

## ボールを転がす 発展のあそび
# ゴールにシュート！

- 人数 1人～
- 年齢 3歳～
- 使う物 ボール サッカーゴール

**アレンジあそび**

**サッカー**
相手が蹴ったボールを足で止め、相手に蹴り返して、パスを何度も行う。パスに慣れたら、チームにわかれてサッカーをする。最初はやわらかいボールを使い、慣れてきたら、サッカーボールを使う。

**発展ポイント**
目標に向けて、ボールをコントロールしながら蹴る

**ここが育つ**
- 巧緻性 ・協応性 ・敏捷性 ・スピード
- 身体認識力 ・空間認知能力
- 操作系運動スキル ・移動系運動スキル

**ルール**
1. ゴールに向かってボールを蹴る。
2. 慣れてきたら、ゴールに向かって走りながらボールを蹴る。

## ボールを転がす 発展のあそび
# ドアを開けて！

人数 2人～　年齢 3歳～　使う物 ボール

**発展ポイント** ボールを転がし、すばやく避ける

**ここが育つ**
- 巧緻性　・協応性　・敏捷性
- 身体認識力　・空間認知能力
- 操作系運動スキル

### ルール
1. 2人1組になる。
2. 1人は両足をドアに見立て、閉じて立つ。
3. もう1人がドア役の子の足元にボールを転がす。
4. ドア役の子は、両足を広げてジャンプをして、ボールを通過させる。

### アレンジあそび

**ドア開け競争**

　四つ這いになっておなかの下をくぐらせる、ブリッジして背中の下をくぐらせる等、からだの各部位を使ってドアをつくる。グループで1列の長いドアをつくり、何枚ドアを通過したかを競争すると盛り上がる。

3・4・5歳 操作する運動

転がす・蹴る

ボールを転がすあそび

ボール・サッカーゴール

## 操作する運動
投げる・受ける

### 基本のあそび
# ボールを投げるあそび

人数 1人〜　年齢 3歳〜　使う物 ボール

発展　ロケット発射 ▶ P172 ／ 立って座ってキャッチ ▶ P172 ／
ぐるぐるをやっつけろ！ ▶ P173 ／ みんなであそぼう ▶ P173

**ねらい**
ボールを投げ、受けることができるようになる

**ここが育つ**
- 協応性　・巧緻性
- 身体認識力　・空間認知能力
- 操作系運動スキル

**ルール**
1. ボールを両手で持つ。
2. ボールを両手で投げ上げ、両手で受け取る。

**注意　広い場所で行う**
高く投げ上げる場合、ボールを追うのに夢中になり、子ども同士で衝突する危険があります。スペースを広くとって行うようにしましょう。

### ひとりでキャッチ

**投げ上げキャッチ**
ボールを頭上に投げ上げ、受け取る。

**まわってキャッチ**
ボールを頭上に投げ上げ、からだを1回転させて受け取る。

**バウンドキャッチ**
ボールを足元に勢いよく弾ませ、落ちてきたボールを受け取る。

## ふたりでキャッチ

### 背面投げ
背負うように両手でボールを持ち、からだを前に倒しながら、背中側から前に向かって投げる。

### ワンバウンド
ボールが相手との間で1回弾んでから届くように、両手で投げる。

### 股下投げ
相手に背中を向けて両足を開き、股の間から両手で投げる。

## あらゆる運動に役立つボールコントロール能力

　ボールを投げるには、力の加減や角度、スピード等、あらゆることを同時にコントロールする必要があります。だからこそ、ボールあそびはバランスのとれた身体能力を育むのにとても効果的で、幼児期にたくさん取り入れたいものです。ただし、最初からうまく投げられる子どもはいません。発達に応じて、たくさんの経験を積むことで、だんだんと思い通りに投げられるようになります。技術の向上に目を向け過ぎると、強制された気持ちが先行してしまうので、「できた」「できない」よりも「楽しさ」を大切にしたあそびをたくさん取り入れてみましょう。

3・4・5歳　操作する運動

投げる・受ける

ボールを投げるあそび

ボール

基本 ボールを投げるあそび　発展 ロケット発射／立って座ってキャッチ／ぐるぐるをやっつけろ！／みんなであそぼう

## ボールを投げる 発展のあそび
# ロケット発射

| 人数 | 年齢 | 使う物 |
|---|---|---|
| 1人〜 | 3歳〜 | ボール |

**発展ポイント**　できるだけ高くボールを投げて受け取る

**ここが育つ**
- 協応性　・巧緻性
- 身体認識力　・空間認知能力
- 操作系運動スキル

**ルール**
1. ボールをロケットに見立ててなるべく高く投げ上げて受け取る。
2. 慣れたら、「5・4・3・2・1・0、発射！」のかけ声で、みんなで一斉にボールを投げ上げて、高さを競う。

★ 子どもにどのような取り方があるかアイデアを聞いてもよい。

慣れてきたら、いろいろな取り方に挑戦してみましょう。
・3回拍手して取る
・1回転して取る

---

## ボールを投げる 発展のあそび
# 立って座ってキャッチ

| 人数 | 年齢 | 使う物 |
|---|---|---|
| 1人〜 | 4歳〜 | ボール |

**発展ポイント**　いろいろな姿勢からボールを投げ、受け取る

**ここが育つ**
- 巧緻性　・協応性　・バランス　・スピード　・瞬発力
- 空間認知能力
- 操作系運動スキル

**ルール**
1. 足を伸ばして座り、ボールを頭上に投げ上げる。
2. 立ち上がり、ボールを受け取る。
3. 立った姿勢からボールを投げ上げる。
4. 座ってボールを受け取る。

## ボールを投げる 発展のあそび
# ぐるぐるをやっつけろ！

| 人数 | 年齢 | 使う物 |
|---|---|---|
| 1人〜 | 2歳〜 | ボール、段ボール箱 等 |

**発展ポイント** 目標に向かって、ねらいを定めて投げる

**ここが育つ**
- 協応性 ・巧緻性
- 空間認知能力
- 操作系運動スキル

**ルール**
1. スタートラインを引き、ラインから1メートル先に的を置く。
2. ラインの手前から的に向かってボールを投げる。
3. ボールを的にあてたり、的の中に入れたりする。

慣れてきたら、的までの距離を長くしましょう。

★ 低年齢児には的を大きくしたり、的を近くにしたりするとよい。

---

## ボールを投げる 発展のあそび
# みんなであそぼう

| 人数 | 年齢 | 使う物 |
|---|---|---|
| 8人〜 | 4歳〜 | ボール |

**発展ポイント** 相手が取りやすいように投げる

**ここが育つ**
- 巧緻性 ・協応性
- 身体認識力 ・空間認知能力
- 操作系運動スキル ・移動系運動スキル

**ルール**
1. 1チーム8〜10人を2グループにわけ、それぞれ縦1列に並び、先頭同士が向かい合う。
2. 先頭の子は向かい合った相手にボールを投げ、すぐに相手側の列の最後尾に並ぶ。
3. これを繰り返し、一巡したら全員が座る。
4. チーム対抗戦にして、一番はやく座ったチームが勝ち。

★ ボールを落としたら、最初からやり直しというルールにしてもよい。

3・4・5歳 操作する運動　投げる・受ける　ボールを投げるあそび　ボール・段ボール箱

## 操作する運動 投げる・受ける

# 基本のあそび
# ドッジボール

| 人数 | 年齢 | 使う物 |
|---|---|---|
| 3人～ | 3歳～ | ボール |

**発展** コロコロボールから逃げろ（円形中あて）▶P176 ／ 四角ドッジボール（四角中あて）▶P176 ／ ドッジボール（角ドッジ）▶P177

**ねらい** ルールを理解し、友だちと協力してボールあそびを楽しむ

**ここが育つ**
- 協応性 ・巧緻性 ・敏捷性 ・スピード
- 身体認識力 ・空間認知能力
- 操作系運動スキル ・移動系運動スキル

**ルール**
1. ラインを引く。
2. ボールは、投げずに転がす。
3. よける人は、ボールにあたらないように逃げる。

### 転がるボールよけ
向かい合ったラインを2本引き、その線の外側からボールを転がす。よける子は、線の内側で逃げる。

### みんなでボールよけ
転がす子とよける子の人数を増やして行う。ボールにあたったら、ラインの外側に出る。最後まであたらずに残った子を勝ちとする。

## 体育指導の先生より

### ルール次第で苦手な子が動けるように

強い子だけが投げて、弱い子はあてられておもしろくない。ドッジボールに苦手意識をもっている子は多いものです。そこで、王様だけはあてられてもアウトにならない「王様ドッジ」で、苦手な子を王様にしてみました。すると、王様はねらわれないので恐くありません。また、ねらわれないことを利用して、他のボール運動が苦手な子どもたちも手をつないでいっしょに逃げます。すると、だんだん苦手な子が動けるようになるんです。どうしたらみんなが楽しく遊べるか、いろいろな工夫をしてみてください。（体育指導／小石）

### 三角コートでボールよけ

三角形のラインを引き、三角形の外側（外野）と内側（内野）の2チームにわかれる。外野の子はボールを転がし、内野の子にあてる。内野はあたったら、外野に出る。時間を決めて交替し、最後まで内野に残った人数の多いほうが勝ち。

## ドッジボールは「ぶつけるあそび」ではなく、「よけるあそび」

ドッジボールというと、ボールを相手にあてるあそびと捉えがちですが、dodge（ドッジ）は「身をかわす、よける」という意味。まずは、保育者が意味を正しく理解し、ドッジボールを「よけるあそび」として、子どもたちに伝えてください。するとボールを持つ1人が主役ではなく、よけるみんなが主役になります。あてた子も、うまくよけた子も、応援した子も、みんながチャンピオン。そんなドッジボールあそびにしたいですね。

3・4・5歳　操作する運動　投げる・受ける　ドッジボール　ボール

基本 ドッジボール　発展 コロコロボールから逃げろ（円形中あて）／四角ドッジボール（四角中あて）／ドッジボール（角ドッジ）

## ドッジボール 発展のあそび
# コロコロボールから逃げろ （円形中あて）

 人数 5人〜
 年齢 3歳〜
 使う物 ボール（2個）

**発展ポイント** 円形のコートでボールあそびを楽しむ

**ここが育つ**
- 協応性 ・巧緻性 ・敏捷性 ・スピード
- 身体認識力 ・空間認知能力
- 操作系運動スキル ・移動系運動スキル

**ルール**
1. 円形のラインを引く。
2. 外野と内野の2チームにわかれ、外野の子は、2個のボールを転がして内野の子にあてる。
3. 転がっているボールにあたったら、外野に出て、転がす役になる。
4. 時間内に、最後まで内野に残った子が勝ち。

## ドッジボール 発展のあそび
# 四角ドッジボール（四角中あて）

 人数 8人〜
 年齢 3歳〜
 使う物 ボール

**発展ポイント** 四角のコートで簡単なドッジボールを楽しむ

**ここが育つ**
- 協応性 ・巧緻性 ・敏捷性 ・スピード
- 身体認識力 ・空間認知能力
- 操作系運動スキル ・移動系運動スキル

**ルール**
1. 四角形のラインを引く。
2. 外野と内野の2チームにわかれ、外野の子は、ボールを投げて内野の子にあてる。
3. 内野の子がボールを取ったら、外野にまわす。バウンドしたボールでも、あてられたら外野に出る。
4. 時間内に、最後まで内野に残った子が勝ち。

## ドッジボール 発展のあそび
# ドッジボール（角ドッジ）

- 人数 14人〜
- 年齢 4歳〜
- 使う物 ボール

**発展ポイント**　友だちと協力しながらドッジボールを楽しむ

**ここが育つ**
- 協応性 ・巧緻性 ・敏捷性 ・スピード
- 身体認識力 ・空間認知能力
- 操作系運動スキル ・移動系運動スキル

**ルール**
1. 四角形のラインを引き、ボール1個で行う。
2. 2チームにわかれ、チーム内で外野と内野を決める。
3. 内野の子は、ノーバウンドであてられたら外野に出て、外野の子は、あてたら内野に入る。
4. 時間内に、内野に残った人数の多いチームが勝ち。

> ゲームは、ルールを守って行わなければ、楽しむことができません。ボールをよける・あてる・取る、外野に出る・内野に入る等、いろいろなルールは、段階的にゲームを発展させて行うことで、理解しやすくなります。

### アレンジあそび
**王様ドッジボール**
各チーム1人を選んで、王様にする。王様が先にあてられたチームが負け。もしくは、王様はあてられてもアウトにならないルールでも楽しめる。

3・4・5歳　操作する運動
投げる・受ける
ドッジボール
ボール

操作する運動
くぐる・まわす・転がす・跳ぶ

## 基本のあそび
# フラフープ

| 人数 | 年齢 | 使う物 |
|---|---|---|
| 1人〜 | 3歳〜 | フラフープ |

**発展** フープとび ▶ P180 ／ フープゴマ ▶ P180 ／ フープと競争 ▶ P181 ／ まてまてトンネル ▶ P181 ／ フープ通し競走 ▶ P182 ／ ケンパーとび渡り ▶ P182 ／ 島渡り ▶ P183

💡 **ねらい**　フラフープを使い、様々な動きを楽しむ

🌱 **ここが育つ**
- 協応性 ・巧緻性 ・リズム
- 身体認識力
- 操作系運動スキル

### フラフープまわし
手首・腕・足首・腰など、からだのいろいろな部位を使ってまわす。

### フラフープ転がし
真っすぐ前に転がるように手を添えながら転がす。前に押し出しながら逆回転をかけて手を離すと、自分のほうにもどってくる。

・順回転
前に押し出すように転がす。

・逆回転
手前に巻き込むように転がす。

慣れてきたら、いろいろな大きさのフープで挑戦してみましょう。

### アレンジあそび

#### 転がしパス
2人1組で向かい合い、相手のほうへフラフープを転がしてパスをする。上手にできるようになったら、少しずつ距離を広げていく。

#### フラフープブーメラン
逆回転でフープを前方に転がし、自分のほうにもどってくるようにする。遠くまで転がしてもどってくるか、動かないで取れるか等を競う。

#### のりものごっこ

**自転車**
フラフープを縦に持ち、またいでからだを輪の中に入れる。

**電車**
フラフープをひもで結び連結し、先頭の子が運転手になって1方向に向かって進む。

#### ジャンプで出入り
フラフープを地面に置き、両足を揃えてジャンプしながら出たり入ったりを繰り返す。

## いろいろなあそびに活用できる便利なフラフープ

　フラフープはとても軽くて扱いやすく、サイズも直径15cm程度のものから1m以上のものまでと様々です。遊び方も腰でまわすだけではなく、いろいろ展開できます。転がして遊べば操作系の運動、真ん中をくぐれば空間認知能力の向上にも役立ちます。その場で持って跳べばなわとびの代わりにもなるし、小さなフラフープはリレーのバトンとしても使われています。シンプルな道具だからこそ、用途は多彩。自由な発想で使ってみましょう。

基本 フラフープ 発展 フープとび ／ フープゴマ ／ フープと競争 ／ まてまてトンネル

## フラフープ 発展のあそび
# フープとび

| 人数 | 年齢 | 使う物 |
|---|---|---|
| 1人～ | 3歳～ | フラフープ |

**アレンジあそび**

**フープでウェーブ**
横1列に並び、リズムに合わせて順番にフープとびを行う。慣れてきたら、テンポをはやくしたり、後ろとびを組み合わせてみる。最後の人までいったら逆にもどってきてもよい。

**発展ポイント** フラフープを使いながら、跳ぶあそびを楽しむ

**ここが育つ**
・協応性 ・巧緻性 ・リズム ・瞬発力
・身体認識力
・操作系運動スキル

**ルール**
1. フラフープを両手で持ち、前からまわして、なわとびのように跳ぶ。
2. 前とびに慣れたら、後ろとびに挑戦する。

★ リズムに合わせて跳びながら前に移動したり、走りとびをしたりするのもおすすめ。

---

## フラフープ 発展のあそび
# フープゴマ

| 人数 | 年齢 | 使う物 |
|---|---|---|
| 2人～ | 3歳～ | フラフープ |

慣れてきたら、フラフープが倒れたときにジャンプして輪の中に入ってみましょう。

**発展ポイント** フラフープを自由に操作する

**ここが育つ**
・協応性 ・巧緻性
・空間認知能力
・操作系運動スキル

**ルール**
1. フラフープを立てて片手で持ち、コマのように回転させる。
2. みんなで一斉にまわして、フープが倒れずに一番長くまわっている子の勝ち。

★ 反対の手でもチャレンジしよう。

## フラフープ 発展のあそび
# フープと競争

- 人数 2人～
- 年齢 3歳～
- 使う物 フラフープ

**発展ポイント** フラフープの動きにすばやく反応して走る

**ここが育つ**
- 敏捷性 ・スピード
- 空間認知能力
- 移動系運動スキル ・操作系運動スキル

**ルール**
1. 保育者がフラフープを転がす。
2. 子どもは、フラフープと競争し、追い抜いて取る。

> **アレンジあそび**
> フープキャッチチャレンジ
> 自分でフープを転がし、走って追いかけ、倒れないうちに取る。

★ 慣れてきたら、子ども同士2人1組で行う。

---

## フラフープ 発展のあそび
# まてまてトンネル

- 人数 2人～
- 年齢 4歳～
- 使う物 フラフープ

**発展ポイント** フラフープの動きに合わせてすばやく動き、くぐり抜ける

**ここが育つ**
- 瞬発力 ・巧緻性 ・敏捷性 ・スピード
- 身体認識力 ・空間認知能力
- 移動系運動スキル ・操作系運動スキル

**ルール**
1. 保育者がフラフープを転がす。
2. 子どもは、転がるフラフープをくぐり抜ける。

> 慣れてきたら、子どもが自分でフープを転がし、追いかけてくぐり抜けてみましょう。

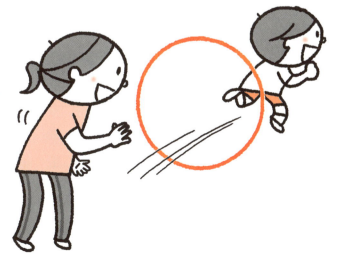

3・4・5歳 操作する運動 ／ くぐる・まわす・転がす・跳ぶ ／ フラフープ

基本 フラフープ　発展 フープ通し競走／ケンパーとび渡り／島渡り

## フラフープ 発展のあそび
# フープ通し競走

- 人数 2人〜
- 年齢 3歳〜
- 使う物 フラフープ／マット

スタート

**発展ポイント** フラフープを使い、すばやく移動する

**ここが育つ**
- スピード ・瞬発力 ・巧緻性 ・敏捷性
- 身体認識力 ・空間認知能力
- 操作系運動スキル ・移動系運動スキル

**ルール**
1. 子どもは、数チームにわかれ、スタートラインに1列で並ぶ。
2. 保育者は、スタートの合図と同時に色を指定する。
3. 先頭の子どもは、指定された色のフラフープを見つけ、頭からくぐる。
4. フープはその場に置き、マットの上でバンザイをしたら列の最後尾までもどる。

---

## フラフープ 発展のあそび
# ケンパーとび渡り

- 人数 2人〜
- 年齢 3歳〜
- 使う物 フラフープ／マット

### アレンジあそび
**折り返しとび渡り競走**
マットの代わりにコーンを置き、コーンをまわってケンパーとびでもどる折り返し競走にする。タッチで次の子に交代すると、チームの団結力も深まる。

スタート

**発展ポイント** フラフープの位置に合わせて跳ぶ

**ここが育つ**
- バランス ・巧緻性 ・スピード ・リズム
- 身体認識力 ・空間認知能力
- 移動系運動スキル

**ルール**
1. フラフープをケンパーとびができるように置く。子どもは、数チームにわかれ、スタートラインの手前に1列で並ぶ。
2. 保育者のスタートの合図で、ケンパーとびをしながらフラフープを渡る。
3. マットの上でバンザイをしたら、列の最後尾までもどる。

★ 片足とびの「ケン」が難しい場合は、両足とびの「グー」で跳び、発達に合わせてアレンジしながら遊ぶ。

## フラフープ 発展のあそび
# 島渡り

| 人数 | 年齢 | 使う物 |
|---|---|---|
| 2人〜 | 3歳〜 | フラフープ マット |

**発展ポイント**
フラフープの位置に合わせて跳び、目的地まで移動する
- 瞬発力 ・リズム ・スピード

**ここが育つ**
- 空間認知能力
- 移動系運動スキル

**ルール**
1. フラフープを適度にばらして置く。子どもは、数チームにわかれ、スタートラインの手前に1列で並ぶ。
2. 保育者のスタートの合図で、片足とびや両足とびでフラフープを渡る。
3. マットの上でバンザイをしたら、列の最後尾までもどる。

**保育者のポイント**
- その場でまわる
- 後ろ向きに進む
- 両手をつく

等、渡り方のアイデアを子どもに聞いてみましょう。はやく渡れた子だけでなく、おもしろい渡り方を考えた子や、体力をたくさん使う渡り方を考えた子など、それぞれのよいところをほめて自信につながるようにしましょう。

**アレンジあそび**

**ドボン島渡り**
フラフープを渡るときに、渡ってはいけない色を指定する。

スタート

3・4・5歳 操作する運動

くぐる・まわす・転がす・跳ぶ

フラフープ

フラフープ・マット

## 操作する運動
投げる・受ける・ひろう

### 基本のあそび
# 廃材を使うあそび

 人数 2人～
 年齢 2歳～
 使う物 新聞紙・ペットボトル・レジ袋

**発展** 新聞紙つまみ▶P186 ／ エプロンキャッチ▶P186 ／ 新聞バランス▶P187 ／ 魔法のじゅうたん▶P187 ／ 的あて▶P188 ／ カップでキャッチ▶P189 ／ お手玉入れ▶P189 ／ 新聞紙で風船運び▶P190 ／ タオルひき▶P190 ／ しっぽとりゲーム▶P191

**ねらい** 身近にあるもの使って、からだを動かして遊ぶ

**ここが育つ**
- 協応性 ・敏捷性 ・巧緻性
- 身体認識力 ・空間認知能力
- 操作系運動スキル

**ルール**
1. 身近にあるものでボールをつくる。
2. ボールを使ってみんなで遊ぶ。

### レジ袋バレー

数人で円になり、レジ袋ボールを落とさないようについて、他の子にパスをする。

> 大きいボールはゴミ袋を、小さいボールは小さいビニール袋を使いましょう。ビニールにマジックで絵を描いたり、中に小さく切った紙を入れたりしても楽しむことができます。

> レジ袋ボールは軽いので、ゆっくり上がって落ちてくるのが特徴です。また、やわらかいので、低年齢でも安心して遊べます。

### レジ袋ボールのつくり方

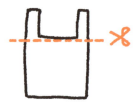
①持ち手のあるビニール袋は持ち手を切る。

②レジ袋に空気を入れ、口をしばる。

③しばった部分と角をテープでとめてボールにする。

 小さいボールは、足で蹴って遊ぶこともできる。

## 新聞キャッチボール

2人1組になり、新聞メガホンを持って向かい合う。新聞メガホンを使って、新聞ボールをキャッチボールする。

3・4・5歳 操作する運動 / 投げる・受ける・ひろう / 廃材を使う

### 新聞メガホンのつくり方

①新聞紙2〜3枚程を重ねる。

②端から太い筒状になるように丸める。

③すそを絞り、テープで止める。

**新聞紙以外でも…**

## 新聞紙ボールづくりで握力アップ！

新聞紙を片手で丸めることで、指1本ずつをしっかり動かし、握力が鍛えられます。握力を鍛えることは、ものをつかむ力やからだを支える力を強くします。これらは、あらゆる運動の基礎になるだけでなく、大きなけがを防ぐことにもなるので、取り入れたいあそびです。大人もいっしょに行ってみましょう。

### 新聞紙ボールのつくり方

①新聞紙1枚を床に置く。

②片手で新聞紙の真ん中をつかみ、片手だけで握って丸める。

③ボール状になったらテープで十字にとめる。

新聞紙・ペットボトル・レジ袋

 新聞紙ボールは同時に両手でつくってみるのもおすすめ。腕を横に上げて保ちながらつくると、握力強化につながる。

基本 廃材を使うあそび　発展 新聞紙つまみ ／ エプロンキャッチ ／ 新聞バランス ／ 魔法のじゅうたん

## 廃材を使う 発展のあそび
# 新聞紙つまみ

| 人数 | 年齢 | 使う物 |
|---|---|---|
| 1人〜 | 4歳〜 | 新聞紙・はし・箱 |

**保育者のポイント**
はしの正しい持ち方や、はしを上手に扱う練習にもなるあそびです。紙の大きさを変えたり、おはじきや豆のつるつるしたものにも挑戦してみましょう。

**注意 はしを持って立ち歩かない**
はしを使うときは、立ち歩くと危険です。必ず座って行うようにしましょう。

**発展ポイント**　ゲームを通して手指を使った細やかな動きを楽しむ

**ここが育つ**
- 協応性・巧緻性
- 身体認識力
- 操作系運動スキル

**ルール**
1. 新聞紙を小さく丸めて床にまく。
2. 1人ずつはしと箱を持ち、はしで丸めた紙をひろい、箱に入れる。
3. はじめと終わりの合図で誰が一番多くひろえたかを競う。

★ はしを菜ばしのような長いものや、竹ひごのような細いものに変えても楽しめる。

## 廃材を使う 発展のあそび
# エプロンキャッチ

| 人数 | 年齢 | 使う物 |
|---|---|---|
| 2人〜 | 3歳〜 | ボール・エプロン |

**アレンジあそび　エプロンとばし**
数人で1列に並び、合図とともに一斉に飛ばして、誰が一番遠くへ飛ばすことができるかを競う。

**発展ポイント**　からだ全体の動きでボールを操作する

**ここが育つ**
- 協応性・巧緻性・リズム
- 身体認識力・空間認知能力
- 操作系運動スキル

**ルール**
1. 2人1組でそれぞれエプロンをして、両端を持ち、向かい合って立つ。
2. 1人はエプロンにボールを乗せ、たるませてから引っ張り、相手のほうへボールを飛ばす。
3. もう1人はエプロンを広げて飛んできたボールを受け取る。

## 廃材を使う 発展のあそび
# 新聞バランス

- 人数 1人〜
- 年齢 4歳〜
- 使う物 新聞紙

**アレンジあそび**
バランスキャッチ
2人1組で向かい合い、お互いに新聞紙を床に立てて、合図で手を離す。相手の新聞紙が倒れないうちに、お互いが取りに行く。

**発展ポイント**
新聞紙を倒さないようにバランスをとる

**ここが育つ**
・協応性 ・バランス ・巧緻性
・操作系運動スキル

**ルール**
1. 新聞紙数枚を棒のように丸め、テープを巻いて固定する。
2. 棒状の新聞紙を手のひらや指先に乗せて、落とさないようにバランスをとる。

★ バランスをとりながら走るのもおすすめ。走ることに慣れたら、チームをつくってリレーをしても楽しめる。

---

## 廃材を使う 発展のあそび
# 魔法のじゅうたん

- 人数 2人〜
- 年齢 4歳〜
- 使う物 新聞紙

新聞紙は破れやすいので、数枚を重ねて貼り合わせるか、破れにくい紙を利用してもよいでしょう。

**発展ポイント**
新聞紙からずれないように跳びながら移動する

**ここが育つ**
・協応性 ・バランス ・敏捷性 ・リズム
・空間認知能力 ・移動系運動スキル
・操作系運動スキル

**ルール**
1. 2人1組で、1人は床に広げた新聞紙の上に立ち、もう1人はその新聞紙を持つ。
2. 新聞紙の上の子が進行方向にジャンプをしたタイミングで、もう1人が新聞紙を前にずらす。
3. ジャンプする子が新聞紙から落ちないようにしながら、前に進む。

★ 目的地をつくり、そこをまわってくるリレーにしてもよい。新聞ジャンプ（P94）、新聞島渡り（P95）もおすすめ。

3・4・5歳 操作する運動

投げる・受ける・ひろう

廃材を使う

新聞紙・はし・箱 ボール・エプロン

187

基本 廃材を使う　発展 的あて ／ カップでキャッチ ／ お手玉入れ

## 廃材を使う 発展のあそび
# 的あて

| 人数 | 年齢 | 使う物 |
|---|---|---|
| 1人〜 | 2歳〜 | ボール・ペットボトル・空き缶 |

**発展ポイント** 身近にあるものを使い、的あてを楽しむ

**ここが育つ**
- 協応性　・巧緻性
- 身体認識力　・空間認知能力
- 操作系運動スキル

### ペットボトルボウリング

ペットボトルを並べ、離れた場所からボールを転がして倒す。チームで倒した数を競ったり、ペットボトルに点数をつけて、倒した点数の合計を競ったりしてもよい。

投げる位置

### 缶落とし

床に置いた筒状の空き缶の前に立ち、ビー玉（ペットボトルのふたを2つ合わせたものでもよい）を持つ。ビー玉を目に近づけ、缶の中に入るようにねらいをつけて落とす。

慣れるまでは、座って行いましょう。

### アレンジあそび
**割りばしおとし**

ビー玉の代わりに割りばしを使う。細めの缶を的にすると、さらに難しくなる。

## 廃材を使う 発展のあそび
# カップでキャッチ

- 人数 2人〜
- 年齢 4歳〜
- 使う物 ボール・紙コップ

**発展ポイント** 身近にあるものを使い、キャッチボールをする

**ここが育つ**
- 協応性 ●敏捷性 ●巧緻性
- 身体認識力 ●空間認知能力
- 操作系運動スキル

**ルール**
1. 2人1組で、お互いに紙コップを持ち、向かい合って立つ。
2. 紙コップを使って、キャッチボールをする。

---

## 廃材を使う 発展のあそび
# お手玉入れ

- 人数 1人〜
- 年齢 3歳〜
- 使う物 お手玉・段ボール箱

**アレンジあそび**
**お手玉のせ競争**
穴に入ったら0点とし、どれだけ台に乗せられるかを競う。

**発展ポイント** 目標に向かってお手玉を投げる

**ここが育つ**
- 協応性 ●バランス ●巧緻性
- 身体認識力 ●空間認知能力
- 操作系運動スキル

**ルール**
1. 大きい箱か、箱状の段ボールを用意する。角度が斜めになるように切り、中央に穴をあける。
2. 離れた位置から、穴にめがけてお手玉を投げる。
3. 穴に入れば3点、箱の上に乗れば1点として、点数を競う。

投げる位置

---

3・4・5歳 操作する運動

投げる・受ける・ひろう

廃材を使う

ボール・ペットボトル・空き缶・紙コップ・お手玉・段ボール箱

| 基本 | 廃材を使う | 発展 | 新聞紙で風船運び ／ タオルひき ／ しっぽとりゲーム |

## 廃材を使う 発展のあそび
# 新聞紙で風船運び

- 人数：1人～
- 年齢：3歳～
- 使う物：風船、新聞紙

**発展ポイント**　新聞紙を使い、風船を落とさずに運ぶ

**ここが育つ**
- 協応性
- バランス
- 移動系運動スキル
- 操作系運動スキル

**ルール**
1. 新聞紙を広げ、上に風船を乗せて持つ。
2. 新聞紙から風船を落とさないように運ぶ。

### アレンジあそび
**2人で風船運び**
2人1組で新聞紙を持ち、風船を運ぶ。風船は浮いて落ちやすいので、慎重に運ぶ。

## 廃材を使う 発展のあそび
# タオルひき

- 人数：1人～
- 年齢：4歳～
- 使う物：タオル

**発展ポイント**　タオルを引き合い、バランス崩しをする

**ここが育つ**
- 瞬発力
- バランス
- 操作系運動スキル

**ルール**
1. 2人1組で向かい合い、1本のタオルの両端をそれぞれ片手で持つ。
2. 合図で互いに引っ張り合う。
3. タオルを離したり、足が動くと負け。

### アレンジあそび
**バランスタオルひき**
2人1組で向かい合い、それぞれ新聞紙の上に立つ。長めの2本のタオルの両端をそれぞれ両手で持ち、合図とともに片足立ちで引っ張り合う。タオルを離したり、新聞紙から出たりしたら負け。

## 廃材を使う 発展のあそび
# しっぽとりゲーム

- 人数 6人〜
- 年齢 2歳〜
- 使う物 ビニールテープやひも

**発展ポイント** しっぽを取り合ってゲームを楽しむ

**ここが育つ**
- 持久力 ・敏捷性 ・スピード
- 身体認識力 ・空間認知力
- 移動系運動スキル

**ルール**
1. 2チームにわかれ、チームの色のしっぽをつける。
2. 合図とともに、お互いのしっぽを取り合う。
3. しっぽを取った子はゲームを続け、しっぽを取られた子は陣地から出る。
4. 時間を決めて終わりにし、しっぽを多く取ったチームが勝ち。

**保育者のポイント**
保育者がしっぽをつけ、子どもがしっぽを取るルールにすれば、低年齢でも楽しめます。その際、保育者のしっぽを多くし、子どもが取るしっぽは1人1本までにすると、たくさんの子がしっぽを取ることができます。

しっぽとりゲームは、ルールを変えることでいろいろな楽しみ方ができます。
〈しっぽとりアレンジの例〉
・チームをわけて片方のチームだけしっぽをつけて逃げる。
・取られた子もゲームを続けて、最後に取ったしっぽの数を競う。
・取ったしっぽを自分につけてもいいことにする。
・最後までしっぽを取られなかった子が勝ちとする。

3・4・5歳 操作する運動

投げる・受ける・ひろう

廃材を使う

風船・新聞紙・タオル・ビニールテープ

## 心が感動すれば
# からだはいくらでも動くもの

### 「つまずき」も克服すれば大きな自信に

　子どもは好奇心旺盛で、何にでもチャレンジするのが当たり前、と思っている大人は大勢います。けれど、本当は「失敗したくない」「できないことはやりたくない」と子どもは常に思っています。そして、この時期の運動における「つまずき」は、大人になっても苦手意識として残るため、注意が必要です。できない、と悩んでいる子には、まず「できる」をたくさん経験させましょう。できる、できる、を繰り返し、もっとできる、と運動能力の向上を自分で感じられるまで続けてからステップアップすると、意欲をもったまま取り組めます。

　「つまずき」の改善に効果的なのは、楽しさです。できる、できないではなく、いかに楽しむか。そして、もうひとつは大人の励ましです。苦手意識や劣等感は、努力そのものをほめる声かけで薄れていきます。他の子どもにできることが、自分にはできないというのはつらい体験です。けれど、「つまずき」は克服すれば、むしろ大きな自信になり、次の「つまずき」を乗り越える力にもなります。しっかり気づいてあげること、そして、励まし続けることで「運動あそびを楽しむ心」を育てていきましょう。

---

### からだを動かすためにはまず心を動かすこと

　外で遊ぼう！　と促すだけでは、子どもはなかなか動きません。なぜなら、室内は空調がきいて快適だし、おもちゃもたくさんあるからです。からだを動かすためには、まず心を動かすこと。外にもっと楽しいことがある、運動あそびが楽しい！　という感動体験をさせることです。

　例えば、私は子どもの頃、セミとりが大好きだったのですが、それは父親がクモの巣を集めて作った天然の虫とり網で、セミをつかまえて見せてくれたからです。運動あそびというと、技術の指導やあそびの形ばかりに目がいきがちですが、大切なのは感動体験。現代の環境は、子どもにとっても様々な魅力にあふれています。その中で運動あそびに向かわせるには、やはり心が動いた経験が必要。逆に一度心が動いてしまえば、繰り返し遊び、新しい感動を求めて自ら考えるようにもなります。

### チャンピオンになることであそびに感動体験を

　では、どのようにしてあそびの感動体験をつくればいいのか。コツのひとつに、「チャンピオン体験」があります。足のはやい子もいれば、誰かを助けるのが上手な子もいるでしょう。よく気がついて先生を手伝ってくれる子、工夫したりアイデアを出すのがうまい子もいます。それぞれのよいところを「すごいね」とほめて、チャンピオンにしてあげるのです。自分がチャンピオンなんだ、という喜びや達成感は、感動体験になります。

　運動のできる、できないに関係なく、自分が評価されることで、苦手な運動あそびにも前向きに取り組むことができるでしょう。心の動きは、からだを動かす原動力。心とからだの相互関係をうまく働かせれば、運動あそびがより一層充実したものになるはずです。

# その場でする運動
## （非移動系運動スキル）

自由に遊んでいるだけではなかなか経験しづらい運動スキルです。ここで紹介する鉄棒やうんていに親しむ機会、押す・引くといった運動経験ができるようなあそび（P70）を行う機会を、意識的に増やしていきましょう。

ナマケモノごっこ

落ちたら負けよ！

うんてい

## その場でする運動 ぶら下がる・まわる

## 基本のあそび
# 鉄棒

| 人数 | 年齢 | 使う物 |
|---|---|---|
| 1人〜 | 2歳〜 | 鉄棒 |

**発展** 前まわり▶P196 / ふとん干し▶P198 / 鉄棒ウェーブ▶P198 / 足抜きまわり▶P199 / 鉄棒地球まわり▶P199 / 逆あがり▶P200

**ねらい** からだを支える筋力や長く維持する持久力を身につける

**ここが育つ**
- 筋力 ・持久力 ・調整力
- 身体認識力
- 非移動系運動スキル

### 保育者のポイント
まずは鉄棒の下をくぐったり、支柱に触れたりして、鉄棒に親しむことからはじめましょう。次に、手を伸ばせば握れる高さの鉄棒にぶら下がる、ぶら下がれたらほめて達成感を味わえるようにする等、次のステップへのやる気につながるようにしましょう。

### ぶら下がりダンス
鉄棒を両手で握り、足を地面から離したり、つけたりしながら、前後に動かす。

ひざを曲げて両足を地面から離し、からだを前後に振って揺れてみましょう。

### 足だけブランブラン
腕を組み、わきで鉄棒にぶら下がる。足を前後左右に揺らす。

**注意 落下・けがを防ぐ**
頭からの落下は、重大なけがにつながるおそれがあります。下にマットを敷き、屋外の場合は石をひろっておきましょう。また、最初は必ず保育者が補助をしましょう。

### アレンジあそび

#### チュチュンがピョン！
鉄棒を両手で握り、跳び上がって鉄棒におなかを乗せて、からだを支える。「チュチュンがピョン！」のかけ声のタイミングで跳び上がり、「スズメさんひとやすみ」をする。

#### 腕立て移動
両腕を伸ばしてからだを支え、手を持ちかえながら左右に移動する。上達したら、頭・胴・腕・両足をまっすぐに伸ばして移動できるようにする。

---

### 体育指導の先生より
#### やさしい言葉が鉄棒を身近にする
子どもを鉄棒好きにするコツは、わかりやすい言葉で伝えること。「ブラーッとぶら下がって、おサルさんになろう」「今度はゴリラになるよ。ゴリラはサルよりも強いから、手を曲げて、お鼻を鉄棒につけて10秒がんばるんだけど、できるかな？」こんなふうに言えば、難しい言葉を使わなくても、鉄棒への興味が高まります。（体育指導／小石）

#### スズメさんひとやすみ
腕を伸ばしてからだを支える。頭・胴・両足が一直線になるように伸ばす。

#### ナマケモノごっこ
鉄棒を両手で縦に握り、足を鉄棒にかけて絡ませる。何秒ぶら下がれるか、数を数える。

上達したら、片手を離してみましょう。

基本 鉄棒 発展 前まわり

## 鉄棒 発展のあそび
# 前まわり

| 人数 | 年齢 | 使う物 |
|---|---|---|
| 1人〜 | 3歳〜 | 鉄棒 |

**発展ポイント**
腕でからだを支持しながら、鉄棒を軸にしてからだを回転させる

**ここが育つ**
- 筋力 ・瞬発力 ・持久力 ・バランス ・スピード
- 身体認識力
- 非移動系運動スキル

💬 胸の位置に近い高さの鉄棒を選びましょう。補助なしでも跳び上がってからだを支えることができます。

**保育者のポイント**
「ひざを曲げておへそを見よう」と言葉をかけながら、ゆっくり前にからだを倒すようにしましょう。子どもの顔から見える位置で、背中と足を支え、ゆっくり回転させましょう。

### STEP1
**おなかを鉄棒に乗せる**
おなかを鉄棒にくっつけ、腕を伸ばして、鉄棒をしっかりと腰のあたりで固定させる。

### STEP2
**補助つきで回転する**
腕を軽く曲げて、ひざを曲げながらからだを前に倒して、ゆっくりまわって降りる。

## こんなときどうする？ Q&A

**Q** 前まわりを恐がる子への対処方法は？

**A** まずは「落下しない」安心感をもたせましょう。そこで大事になるのは、回転する支点です。おなかをぴったりと鉄棒にくっつけて「軸」ができれば、安定感もあり、まわりやすくなります。支点の位置は、ふとん干し（P198）をするとわかります。そこから足を曲げてゆっくりまわると、静かに地面に着地することができるでしょう。勢いだけでまわろうとすると手が離れて落ちてしまうので、姿勢を覚えるまでは、補助しながらゆっくりまわりましょう。

## 握力が強い子どもは体力もある

　昔のあそびと比較すると、手でからだを支える、ぶら下がる等の運動が、今は減少しています。幼児の握力は、体力の目安。鉄棒やうんてい等で握力を鍛えることは、全身の筋力を養うことでもあり、普段の生活で行うことが少ない分、これらの運動を効果的に取り入れていく必要があります。

### STEP3
**補助なしで回転する**

補助つきで繰り返し、まわる感覚を覚えたら、様子を見ながら補助なしで回転してみる。

> 静かに着地をすることで、おなかに鉄棒を引きつける力がつき、逆上がりにつながりやすくなります。

### STEP4
**着地する**

ひじを曲げて静かに着地をする。

3・4・5歳 その場でする運動 ／ ぶら下がる・まわる ／ 鉄棒

基本 鉄棒　発展 ふとん干し／鉄棒ウェーブ／足抜きまわり／鉄棒地球まわり

## 鉄棒　発展のあそび
# ふとん干し

- 人数 1人〜
- 年齢 3歳〜
- 使う物 鉄棒

**保育者のポイント**
慣れるまでは、保育者がすぐに手を添えられる位置で見守りましょう。

**アレンジあそび**
ふとん干しジャンケン
2人並んで鉄棒にぶら下がり、ジャンケンをする。

**発展ポイント** おなかを支点にして鉄棒にぶら下がる

**ここが育つ**
- 筋力 ・持久力 ・巧緻性 ・柔軟性
- 身体認識力
- 非移動系運動スキル

**ルール**
1. 鉄棒を両手で握り、跳び上がって鉄棒におなかを乗せてからだを支える。
2. 上体をゆっくり前に倒す。
3. からだが折れたところで手を離す。
4. 手足の力を抜き、ぶら下がる。

## 鉄棒　発展のあそび
# 鉄棒ウェーブ

- 人数 3人〜
- 年齢 4歳〜
- 使う物 鉄棒

**発展ポイント** 友だちとタイミングを合わせて前まわりをする

**ここが育つ**
- 筋力 ・調整力 ・スピード
- 身体認識力
- 非移動系運動スキル

**ルール**
1. 横につながった鉄棒で、1人ずつスズメさんひとやすみ（P195）の姿勢になる。
2. 1人ずつ順番に前まわりをする。
3. 隣の子がまわったら、次の子がまわる、というように続けてまわる。

## 鉄棒 発展のあそび
# 足抜きまわり

人数 1人〜　年齢 4歳〜　使う物 鉄棒

**発展ポイント**　腕の力でぶら下がりながら、からだを回転させる

**ここが育つ**
- 筋力 ・持久力 ・巧緻性
- 身体認識力 ・空間認知能力
- 非移動系運動スキル

**ルール**
1. 鉄棒を両手で握る。
2. 両足で地面を蹴って、おしりを上げる。
3. 後ろから前に、鉄棒の下で足を抜く。
4. 回転して降りる。

**アレンジあそび**
**後ろ足抜きまわり**
鉄棒を後ろ向きに両手で握り、おしりから鉄棒の下をくぐって足を抜く。

3・4・5歳　その場でする運動

ぶら下がる・まわる

鉄棒

---

## 鉄棒 発展のあそび
# 鉄棒地球まわり

人数 1人〜　年齢 4歳〜　使う物 鉄棒

**発展ポイント**　腕の力でぶら下がり、ねじった状態から回転する

**ここが育つ**
- 筋力 ・持久力 ・協応性 ・巧緻性
- 身体認識力
- 非移動系運動スキル

**ルール**
1. 鉄棒に両ひざの裏をかけ、ひざの内側の鉄棒を両手で握る。
2. 両手を交差させて持ち替える。
3. 両足を棒から外す。
4. からだをゆっくり180度回転させる。

**保育者のポイント**
両足を鉄棒から外したときに不安定になりやすいので、腰を持って支え、腕だけでぶら下がれるかを確認してから、手を離しましょう。

鉄棒

基本 鉄棒　発展 逆あがり

# 鉄棒 発展のあそび
## 逆あがり

- 人数 1人〜
- 年齢 3歳〜
- 使う物 鉄棒

**発展ポイント** 腕と足の力でおしりを持ち上げて回転する

**ここが育つ**
- 筋力 ・瞬発力 ・協応性 ・巧緻性
- 身体認識力
- 非移動系運動スキル

順手は親指を下にまわして棒をつかむ握り方。逆手は親指を上にまわす握り方。行いやすいほうで握りましょう。

順手　　逆手

**保育者のポイント**
ひじが伸び、目線が上を向いてしまうと、からだが鉄棒から離れてしまいます。ひじを曲げておへそを見るよう声をかけましょう。

### STEP1
**胸を鉄棒に近づける**
手は肩幅に開いて鉄棒を両手で握り、胸を鉄棒の近くに寄せる。

### STEP2
**利き足で蹴り上げる**
両足を前後に開き、利き足で地面を蹴り上げる。

## Q 蹴り上げた足がなかなか上がりません。

A 逆あがりのコツは、鉄棒とおなかをしっかりくっつけること。けれど、蹴る勢いで回転しようとするせいか、どうしても前に蹴り上げてしまいがち。鉄棒におなかを近づけるには、腕をぐっとひいて、上に蹴り上げるほうがよいのです。蹴るときの意識を、前ではなく上へ。それができたら、足を上げると同時に、頭は下げます。これによって、回転する力が生まれます。

## 逆あがりの成功はサポート次第

逆あがりの成功に必要な「ひじを曲げる」「足を蹴り上げ、頭を下げる」動作を覚えるためには繰り返しの練習が必要ですが、子どもは楽しくなければやりません。そこで、必要なのが適切なサポートです。タオル、補助器具などの道具を使う、もしくは保育者が支えたり、子ども同士で背中を合わせて押し上げたりして、あそびとして楽しく取り組みましょう。さらに保育者、友だち、保護者などの応援が本人の力を引き出します。ぜひ成功の達成感を味わわせてあげてください。（体育指導／小石）

**保育者のポイント**
ひざの裏とおしりを支えて、鉄棒とからだが離れないようにしながら、回転をサポートしましょう。

回転の勢いで着地すると、鉄棒にあごを打ってしまうことがあるので、必ずスズメさんひとやすみ（P195）の状態で止まるようにしましょう。

### STEP3
**からだを鉄棒に引きつける**
両腕でからだを鉄棒に引きつけ、足先をまわる方向に向ける。

### STEP4
**回転してからだを起こす**
からだを回転させたら、足を下に向けて伸ばし、からだを起こす。

## その場でする運動
登る・降りる

## 基本のあそび
# のぼり棒

| 人数 | 年齢 | 使う物 |
|---|---|---|
| 1人〜 | 4歳〜 | のぼり棒 |

発展　2本でゴリラ ▶ P203 ／ テープタッチリレー ▶ P203

**ねらい**　腕や足でからだを支えながら棒を登る

**ここが育つ**
- 筋力　・持久力　・巧緻性
- 身体認識力
- 移動系運動スキル　・非移動系運動スキル

**ルール**
1. のぼり棒を両手で握り、ぶら下がる。
2. ぶら下がることに慣れたら、のぼり棒を足の裏ではさむようにしてつかまる。裸足のほうが登りやすい。
3. 両手両足で棒につかまっていられるようになったら、ゆっくり登る。
4. 降りるときも両手両足を使ってゆっくり降りる。

### おサルさん木のぼり
のぼり棒の上のほうを握り、ももや両方の足の裏で棒をはさんで、からだを持ち上げて登る。

### 落ちたら負けよ！
のぼり棒につかまっている時間を競い合う。みんなでカウントしてもよい。

・上手に登るコツ
ひざをしっかり曲げて土踏まずで棒をはさんでからだを固定させましょう。
・棒をしっかりはさめないとき
保育者が子どものおしりを支えたり、子どもの足の下で棒を握って足がかりをつくったりしましょう。

**注意　ゆっくり降りる**
勢いよくすべり降りると、棒との摩擦熱でやけどをしてしまうことがあります。下に人がいないかを確かめてから降りましょう。

★ 慣れてきたら、のぼり棒に登って片手を離したり、足をしっかり棒にからませて両手を離したりしてみる。

## のぼり棒 発展のあそび
# 2本でゴリラ

- 人数 1人〜
- 年齢 4歳〜
- 使う物 のぼり棒

**アレンジあそび**

**横渡り**
のぼり棒に登った状態から、片手・片足ずつ離し、隣ののぼり棒に移る。

**発展ポイント** 2本ののぼり棒を使ってからだを止める

**ここが育つ**
- 筋力 ・持久力 ・協応性 ・巧緻性
- 身体認識力 ・空間認知能力
- 移動系運動スキル ・非移動系運動スキル

**ルール**
1. 隣り合った2本ののぼり棒を両手で握る。
2. 両足の裏を棒につけてからだを止める。
3. 腕を伸ばして、ゆっくり登り降りをする。

---

## のぼり棒 発展のあそび
# テープタッチリレー

- 人数 2人〜
- 年齢 4歳〜
- 使う物 のぼり棒

**発展ポイント** のぼり棒を使ってテープタッチゲームを行う

**ここが育つ**
- 筋力 ・持久力 ・協応性 ・巧緻性 ・スピード
- 身体認識力 ・空間認知能力
- 移動系運動スキル ・非移動系運動スキル

**ルール**
1. のぼり棒でタッチする位置を決め、テープを貼る。
2. 1人ずつのぼり棒を登り、テープにタッチしたら降りる。
3. 降りたら、次の子が登ることを繰り返して、リレーを行う。
4. アンカーが先にテープにタッチしたチームの勝ち。

## その場でする運動
登る・降りる

### 基本のあそび
# クライミング

| 人数 | 年齢 | 使う物 |
|---|---|---|
| 1人〜 | 3歳〜 | クライミングウォール |

**発展** 目標にトライ ▶ P205 ／ 決まった色でクライミング ▶ P205

**ねらい**　手足でからだを支えながらクライミングを行う

**ここが育つ**
- 筋力 ・持久力 ・協応性 ・巧緻性
- 身体認識力 ・空間認知能力
- 移動系運動スキル ・非移動系運動スキル

**ルール**
1. つかみやすいホールドに手をかける。
2. ホールドに足をのせながら上に登る。
3. 降りるときは、跳び降りられる位置までホールドを使って降りる。
4. ひざを曲げて両足で着地する。

### おしりでアップ
自力でからだを支えるのが不安なうちは、保育者が後ろから背中やおしりを手で支え、次のホールドをいっしょに探すとよい。

### 手がかりを使ってクライミング
総合遊具のクライミングは、横の手すりを利用して登る。ロープの場合はロープを両手で握って登る。慣れたら、手すりを使わないで登るようにする。

腰を壁に近づけ、重心を壁に寄せると、腕に余計な負担がかかりません。また、腕はできるだけ伸ばしているようにすると、疲れにくくなります。

**注意　マットを敷き安全な服装で遊ぶ**
降りるときにけがをしないように、マットを敷きましょう。かばんを背負ったままでは絶対に登らず、フードやひも等のない服装で遊びましょう。

## クライミング 発展のあそび
# 目標にトライ

| 人数 | 年齢 | 使う物 |
|---|---|---|
| 1人〜 | 3歳〜 | クライミングウォール |

**発展ポイント** 目標を決めて登る

**ここが育つ**
- 筋力 ・持久力 ・協応性 ・巧緻性
- 身体認識力 ・空間認知能力
- 移動系運動スキル ・非移動系運動スキル

**ルール**
1. クライミングウォールで、どこまで登るか目標を決める。
2. 目標に到達するまでのホールドを使う回数を減らしていく。
3. 何歩で登れるかを数える。

> クライミングでは、どこに手足をかけたらよいかを考える思考力や判断力が身につきます。また、落ちずに登りきるための集中力や忍耐力も同時に養われます。

---

## クライミング 発展のあそび
# 決まった色でクライミング

| 人数 | 年齢 | 使う物 |
|---|---|---|
| 1人〜 | 4歳〜 | クライミングウォール |

**発展ポイント** ルールを決めて登る

**ここが育つ**
- 筋力 ・持久力 ・協応性 ・巧緻性
- 身体認識力 ・空間認知能力
- 移動系運動スキル ・非移動系運動スキル

**ルール**
1. 特定の色のホールドを使わないで登る。
2. 特定の色のホールドのみ使って登る。

> 高い壁を登ることは、「恐い」かもしれません。しかし、その気持ちが警戒心を強めて、安全なあそびにつながります。

> 少し難しいことに挑戦し、達成感を味わうことで、チャレンジ精神を育みましょう。

## その場でする運動
ぶら下がる・移動

## 基本のあそび
# うんてい

| 人数 | 年齢 | 使う物 |
|---|---|---|
| 1人〜 | 3歳〜 | うんてい |

**発展** 1本とばし ▶ P208 ／ 空中足ジャンケン ▶ P208

### 💡 ねらい
腕でからだを支えてぶら下がったり、移動したりする

### ここが育つ
・筋力 ・持久力 ・協応性 ・巧緻性 ・リズム
・身体認識力 ・空間認知能力
・移動系運動スキル ・非移動系運動スキル

### ルール
1. うんていにぶら下がる。
2. ぶら下がることに慣れたら、手で反動をつけて渡る。

### 保育者のポイント
からだを支えながら前に進む練習をしましょう。恐がってなかなか片手が離せない子には、「右手、左手、1・2、1・2」と言葉をかけて、リズムをつくってあげましょう。

からだを振る動きをリズミカルに繰り返し、前に進むきっかけをつかめるようにしましょう。大きな振りができるようになると、手を前に移動しやすくなります。

### ブランブラン
両手で棒を握り、ぶら下がる。慣れないうちは、親指をかけずに握ってもよい。落下する危険があるため、低年齢の子どもには保育者がからだを支えられる距離で見守る。

### ブラブラダンス
うんていにぶら下がり、足を揃えて前後左右にからだを振る。2人で横に並び、いっしょに揃えて揺らして楽しんでもよい。

## アレンジあそび

### 歌に合わせてうんてい渡り
保育者が手拍子をしながら、子どもの好きな歌を歌う。子どもは歌に合わせて渡る。どのフレーズで渡り終えるかを目標に設定すると、リズム感がより発達する。

### 横渡り
うんていの横の支柱を両手でつかみ、端から端まで横に進む。

> 中央部がもっとも高くなっている山形うんていは、横棒がだんだん高くなっていくので、水平のものより渡るのが難しくなります。

### うんてい渡り
両手で棒を握り、一方の手を離して前の棒をつかむ。前の棒に体重を移動させながら、もう一方の手を離して、さらに前の棒をつかむ。リズムよく繰り返して前に進む。

## Q&A こんなときどうする？

**Q** うんていの上に登ってしまう子はどうすればよい？

**A** 子どもは挑戦とスリルが大好き。ときには冒険的なあそび方をすることがあります。うんていの形や高さによるため、一概には言えませんが、上に登って遊ぶかどうかは、補助できるかできないかで判断しましょう。ただし、保育者がいないときに行うのは危険なので、それはしっかり伝えておきましょう。

基本 うんてい 発展 1本とばし／空中足ジャンケン

## うんてい 発展のあそび
# 1本とばし

| 人数 | 年齢 | 使う物 |
|---|---|---|
| 1人〜 | 4歳〜 | うんてい |

**発展ポイント** 横棒を1本とばしながら渡る

**ここが育つ**
・筋力 ・持久力 ・協応性 ・巧緻性 ・リズム
・身体認識力 ・空間認知能力
・移動系運動スキル ・非移動系運動スキル

**ルール**
1. 棒を両手で握り、からだを前後に揺らす。
2. 揺らした反動を利用して、1本ずつとばしながら前に進む。

1本とばしに慣れたら、2本とばしに挑戦してみましょう。

## うんてい 発展のあそび
# 空中足ジャンケン

| 人数 | 年齢 | 使う物 |
|---|---|---|
| 2人〜 | 4歳〜 | うんてい |

**アレンジあそび**
**空中にらめっこ**
出会ったところでにらめっこをして、笑ったほうがその場で降りる。

**発展ポイント** うんていを渡りながらゲームを楽しむ

**ここが育つ**
・筋力 ・持久力 ・協応性 ・巧緻性 ・リズム
・身体認識力 ・空間認知能力
・移動系運動スキル ・非移動系運動スキル

**ルール**
1. うんていの両端から、友だちと同時にスタートして前に進む。
2. 出会ったところで、足ジャンケンをする。
3. 負けたほうはその場で降りる。

グー：足をまっすぐ伸ばす
チョキ：足を前後に開く
パー：足を左右に開く

★ 勝ったら前に進み、負けたらスタートまでもどり、相手のスタート位置に先に着いたほうが勝ちとする等、数名でチーム対抗にしても楽しめる。

# 組み合わせの運動

本書の特徴である、4つの運動スキル（P8〜11）をバランスよく取り入れたあそびの代表例をご紹介します。どのような組み合わせ方があるかを知ると、本書で紹介しているあそびを組み合わせたり、オリジナルのあそびを考えたりすることが簡単にできるようになります。

**組み合わせの運動**

移動・バランス・操作・その場

# 屋内コーナーあそび

あそび場に複数のあそびのコーナーを用意して、子どもたちが自由に遊べる場をつくります。
4つの運動スキル（移動する、バランスをとる、操作する、その場でする）を偏りなく取り組めるようにしましょう。

 人数 1人～
 年齢 2歳～
 環境 屋内
 使う物 平均台・ボール・ダンボール等

**ねらい** 4つの運動スキルを使ったコーナーあそびを屋内で行う

**ここが育つ**
・筋力 ・持久力 ・協応性 ・巧緻性
・身体認識力 ・空間認知能力
・移動系運動スキル ・平衡系運動スキル ・操作系運動スキル ・非移動系運動スキル

**ルール**
1. 屋内で4つの運動スキル（P8～11）を取り入れたあそび場を複数設定する。
2. 子どもは、どのあそびを何回遊んだかを記入するカードを持ち、好きなあそびを行う。
3. 一定の時間が経ったら、違うあそびに移るよう、保育者が指示をする。

## 好きなあそびを自分で選択するという体験

いくつかあるあそびの中から選択することで、なぜ好きなのか、自分はどうやって遊びたいのか、思考力も刺激されます。また、友だちの選択に気づいたり、興味をもったりという発見も。ひとつの空間で、多様なあそびが展開できるおもしろさに溢れています。

屋内用の鉄棒やぶら下がれる遊具がある場合は、たくさん活用しましょう。ない場合は、からだを使ってぶら下がる、押す、引くの動きができるあそびを取り入れましょう。

**足ひっぱりコーナー**
（その場でする：引っぱる）

保育者は動かないように力を入れて立ち、その足を動かそうと子どもは力いっぱい引く。

**平均台渡りコーナー**
（移動する・バランス：渡る）

横歩き、前歩き、後ろ歩き等のいろいろな渡り方で挑戦する。平均台を複数つなぎ合わせて、コースにするのもよい。

★ 関連あそび：自分でぶら下がるあそび（P54）、押したり引いたりするあそび（P70）、平均台を渡るあそび（P156）

### ボウリングコーナー（P188）
（操作する：転がす）

ペットボトルをピンにして3〜6本立て、2〜3メートルくらい離れた位置からボールを転がして倒した数をカードに記入する。倒したピンは、子どもが元にもどす。

> 壁面を利用して行うと、他のあそびの邪魔になりません。スタートラインを複数つくり、子どもが転がす位置を決められるようにしてもよいでしょう。

> ペットボトルは空、もしくは1／3程度ビーズや砂などを入れてもよいでしょう。

転がす位置

### トンネルコーナー
（移動する：這う）

ダンボールを筒状にしてつなぎ合わせ、子どもがくぐり抜けられるトンネルをつくる。その際、天井や側面に一部穴をあけて、明かり取りをつくる。子どもは、入口から出口まで這って進む。

**保育者のポイント**
たくさんの子どもが一度に入ると危険なので、順番を守り、一定方向に進むように伝えましょう。

★ 関連あそび：的あて（P188）、這う・歩くあそび（P86）

3・4・5歳　組み合わせの運動　｜　移動・バランス・操作・その場　｜　室内コーナーあそび　｜　平均台・ボール・ダンボール

**組み合わせの運動**

移動・バランス・操作・その場

# 屋外コーナーあそび

屋外でコーナーあそびをする際は、固定遊具を使ったあそびを取り入れましょう。一度に複数の子が取り組めるあそびをつくっておくと、待ち時間が少なくなり、運動量も増します。

 人数 1人～
 年齢 3歳～
 環境 屋外
 使う物 缶・ひも・新聞紙・コーン・うんてい・すべり台

### ねらい
4つの運動スキルを使ったコーナーあそびを屋外で行う

### ここが育つ
- 筋力 ・持久力 ・協応性 ・巧緻性
- 身体認識力 ・空間認知能力
- 移動系運動スキル ・平衡系運動スキル ・操作系運動スキル ・非移動系運動スキル

### ルール
1. 屋外で4つの運動スキル（P8～11）を取り入れたあそび場を複数設定する。
2. 子どもは、どのあそびを何回遊んだかを記入するカードを持ち、好きなあそびを行う。
3. 一定の時間が経ったら、違うあそびに移るよう、保育者が指示をする。

### 缶ポックリコーナー
（移動する・バランス：バランスをとりながら歩く）

同じサイズのスチール製の空き缶2つに穴をあけ、ひもを通し、子どもの身長に合わせてひもを結ぶ。子どもは、缶の上に足を置き、ひもを持って歩く。スタートとゴールを決め、缶から落ちたらその場からまた挑戦する。

### 新聞輪投げコーナー
（操作する：投げる）

新聞紙を細長く丸め、輪にしたものを複数つくる。コーンをいくつか置き、投げる位置を決める。子どもは輪を投げ、コーンにかかったらカードに記入する。

**保育者のポイント**
はじめての子どもに対しては、まず缶に乗ること、乗ってバランスを取ること、1歩ずつゆっくり歩くことを伝え、サポートしましょう。

スタートラインを複数つくり、子どもが投げる位置を決められるようにしてもよいでしょう。

投げる位置

## 足ジャンケンコーナー
（その場でする：ぶら下がる）

うんていの両端から2人が同時にスタートし、出会ったところで足ジャンケンをする。負けたら、その場で降り、次の子が前に進む。
グー：足をまっすぐ伸ばす
チョキ：足を前後に開く
パー：足を左右に開く

低年齢児やうんてい渡りができない子は、うんていにぶら下がるところからはじめ、その場で足ジャンケンをしましょう。

**保育者のポイント**
お祭りやバザー等の園行事で、からだを動かせるコーナーあそびを取り入れると、保護者に普段の子どもたちの様子を見せる機会にもなります。

**保育者のポイント**
登り終わった子が階段を降りはじめてから、次の子がスタートするようにしましょう。

## 逆のぼりコーナー
（移動する：登る）

すべり台を下から上への一方通行にし、四つ這いで登ったり、手前から走って勢いをつけて登ったりする。

⭐ 関連あそび：空中足ジャンケン（P208）、四つ這い逆のぼり（P137）、立ち逆のぼり（P137）

3・4・5歳　組み合わせの運動

移動・バランス・操作・その場

屋外コーナーあそび

缶・ひも・新聞紙・コーン・うんてい・すべり台

## 組み合わせの運動
移動・バランス・操作・その場

# 4つの運動スキルを組み合わせるあそび

P85〜208で紹介した4つの運動スキル（移動する、バランスをとる、操作する、その場でする）を組み合せたあそびの例です。運動スキルを組み合せることで、育む力がさらに広がります。

 人数 1人〜
 年齢 4歳〜
 使う物 平均台・ボール・鉄棒・はしご・マット等

### ねらい
運動スキルを組み合わせたあそび場をつくり、挑戦する

### ここが育つ
- 筋力 ・持久力 ・協応性 ・敏捷性 ・巧緻性
- 身体認識力 ・空間認知能力
- 移動系運動スキル ・平衡系運動スキル ・操作系運動スキル ・非移動系運動スキル

### 平均台上ボール運び
（操作する→移動する・バランス→操作する→移動する）

#### ルール
1. 平均台に乗り、保育者が投げたボールをキャッチする。
2. ボールを持って平均台上を進む。
3. 端まで進んだら、ボールを頭上に投げてキャッチする。
4. ボールを目標（かご）に向かって投げる。
5. ジャンプして降りる。

### 体育指導の先生より
#### 平衡系（バランス）・非移動系（その場でする）の動きを入れたあそびを考えよう

移動系運動スキル、操作系運動スキルは、大体のゲームやあそびに入っています。そこで、平衡系、非移動系の動きを取り入れることを前提に、あそびを考えていきましょう。この2つの運動スキルで培われる、巧緻性や協応性、敏捷性、平衡性能力は、幼児期にこそグーンと伸びる力。意識して行うことで偏った運動にならず、よりよい成長発達を促します。あそびは慣れると簡単につくることができます。まずは、すでにあるものを利用し、そこに、運動スキルを足しながらアレンジしてみましょう。（体育指導／小石）

★ 関連あそび：ボールをキャッチ（P154）、平均台を渡るあそび（P156）、ぐるぐるをやっつけろ！（P173）

## 鉄棒着地ゲーム
（移動する→その場でする→バランス→移動する）
とびつき・ぶら下がる→
着地する→とびつき降りをする

### ルール
1. 鉄棒の前方に大きく円形のライン（島）を、手前にスタートラインを引く。
2. 最初の子は鉄棒にとびついてぶら下がり、島の中に着地し、その姿勢のまま動かない。
3. 次の子は最初の子にあたらないように、スタートラインから鉄棒にとびつき、島の中に着地する。島の中にいる子にあたったら、外に出る。
4. 全員が着地できたら、最初の子から鉄棒のほうに向いて、その位置から鉄棒にとびついてぶら下がり、スタートラインを超えて着地する。

最初はルール2まで、次は3まで、とステップアップしながら遊ぶとよいでしょう。

島に着地する人数は2人から挑戦し、だんだん増やしていきましょう。

スタート

島

## 坂はしご渡り
（その場でする→移動する・バランス→操作する→移動する）

### ルール
1. 子どもは鉄棒にぶら下がり、自分の名前を言う。
2. 坂はしごを登る。
3. 登りきってとび箱に立ち、保育者が投げたボールをキャッチして、また保育者に投げ返す。
4. 大きくジャンプして降りる。

### 注意 安全を確かめる
地面にはマットを敷きます。はしごの片端は、巧技台やとび箱などに立てかけて、動かないように固定もしくは支えます。

○○です！
ぶら下がる
登る
受ける・投げる
とび降りる

3・4・5歳 組み合わせの運動

移動・バランス・操作・その場 スキルを組み合わせるあそび

平均台・ボール・鉄棒・はしご・マット

★ 関連あそび：とび箱ジャンプ（P129）、ボールをキャッチ（P154）、平均台よじ登りすべりおり（P160）、ぶら下がりダンス（P194）

## 組み合わせの運動

移動・バランス・操作・その場

# 遊具を組み合わせるあそび

遊具を組み合せると、あそびや動きのバリエーションを増やすことができます。園にある道具や遊具を組み合せて、ぜひ子どもが楽しめるあそびをつくってみましょう。

| 人数 | 年齢 | 使う物 |
|---|---|---|
| 1人〜 | 4歳〜 | フラフープ・マット・とび箱・平均台・ボール・はしご・鉄棒等 |

**ねらい**　遊具を組み合わせてあそび場をつくり、挑戦する

**ここが育つ**
- 筋力 ・持久力 ・協応性 ・敏捷性 ・巧緻性
- 身体認識力 ・空間認知能力
- 移動系運動スキル ・平衡系運動スキル ・操作系運動スキル ・非移動系運動スキル

### マット山のぼり
（マット+とび箱…移動する）

**ルール**
1. 丸めたマットやとび箱の上にマットをかぶせて山をつくる。
2. 子どもは山に登って降りる。

> 高さの異なる山をいくつか用意してみましょう。山が高くなるほど、子どもたちの挑戦する気持ちや登れたときの達成感が増します。

> 高い山をつくる場合は、手前に踏切板を置き、勢いをつけて登れるようにします。

**保育者のポイント**
立って渡る場合は、保育者が近くで見守り、不安な子は手をつなぎましょう。

### はしご渡り
（とび箱・巧技台+はしご…移動する・バランス）

**ルール**
1. 同じ高さのとび箱や巧技台を2つ置き、その上にはしごをかける。はしごは保育者が支えるか、ひもで結び、動かないようにする。周囲には、安全のためマットを敷く。
2. 子どもは、はしごの端から端まで渡る。

★ 関連あそび：ハイハイ山のぼり（P41）、とび箱登り降り（P128）、たいこばし（P151）

> **保育者のポイント**
> 慣れてきたら、フラフープを高くする、斜めにして狭くする等、持ち方を変化させてみましょう。

## フープトンネル
（平均台＋フラフープ…移動する・バランス）

**ルール**
1. 平均台を2台並べて置く。保育者は、フラフープを平均台の上に立つように持ち、トンネルにする。
2. 子どもは、フラフープをくぐりながら平均台を渡る。

> 保育者の人数が少ない場合は、平均台にフラフープをテープでとめ、フラフープと床をテープやひもで固定して設置することもできます。

**アレンジあそび**

### 鉄棒ボールあそび
子どもは鉄棒にぶら下がり、少し離れた場所から保育者がボールを転がす。子どもはボールを足で止めたり、蹴り返したりする。

## 鉄棒クレーン
（鉄棒＋ボール＋タイヤやかご等の入れる物…その場でする・操作する）

**ルール**
1. 鉄棒の下にボールの入ったかご、ボールを入れるかごやタイヤ等を並べて置く。
2. 子どもは鉄棒にぶら下がり、足でボールをはさんで取り、隣にあるかごやタイヤに入れる。

★ 関連あそび：新聞紙くぐり（P88）、2本渡り（P158）、ぶら下がりダンス（P194）

**組み合わせの運動**

移動・バランス・

# 障害物あそび

スタートからゴールまで向かう途中に、様々な障害を設けるあそびです。簡単にゴールできないように、移動系運動スキルの中でも、這う、渡る、回転する、跳ぶ等の多様な動きを取り入れてみましょう。

人数 1人〜

年齢 2歳〜

使う物 平均台・マット・フラフープ・コーン等

スタート

### クマコース（初級）

高さのある課題をつくらず、低年齢児でも挑戦できるコース。

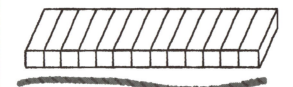

牛乳パック渡り
（もしくは、なわ渡りP156）

横まわり
（P120）

### ジグザグコース（中級）

高さを出し、這う動きや敏捷性を育む動きに挑戦できるコース。

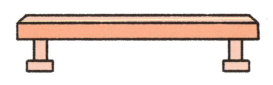

平均台渡り
（P156）

マットくぐり

### チャレンジコース（上級）

高い位置でバランスをとる動きや、跳ぶ、登る等、少し難しい動きに挑戦できるコース。

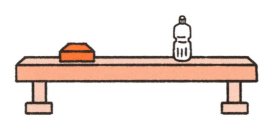

平均台障害物渡り

島渡り
（P183）

## 3・4・5歳 組み合わせの運動

移動・バランス｜障害物あそび

**ねらい** 課題をクリアしながら、ゴールに向かう

**ここが育つ**
- 筋力 ・協応性 ・敏捷性 ・巧緻性 ・スピード
- 身体認識力 ・空間認知能力
- 移動系運動スキル ・平衡系運動スキル

**ルール**
1. スタートラインとゴールラインを決め、その間に障害物を設置する。
2. 子どもはスタートラインに並び、スタートの合図で課題をクリアしながらゴールに向かう。

ゴール

クマ歩き
（P122）

ジグザグランナー
（P98）

とび箱ジャンプ
（P129）

**注意　ゆとりのあるコースづくりを**

子どもはまだからだの動きをコントロールできないので、思わぬところに着地したり、勢いがついて動きが止まらなったりすることがあります。障害物の設置はスペースを十分にとりましょう。

## スタートからゴールまでの心の動きを大切に

　スタートとゴールが定められた障害物あそび。運動技能の多彩さだけに目がいきがちですが、めまぐるしく変化する心にも注目です。障害物に挑戦する勇気、障害物を乗り越えたときの達成感、ゴールの喜び、失敗したときのくやしさ。

　スタートからゴールまでに繰り広げられる心のドラマは、健やかな成長の大きな糧です。競争で負けてくやしい気持ちも、保育者の明るい共感があれば、「次はがんばろう」という気持ちにつながります。

平均台・マット・フラフープ・コーン等

| 組み合わせの運動 | # 屋内サーキットあそび |
|---|---|

移動・バランス・操作・その場

ぐるぐると何周もまわることで、運動課題に繰り返し挑戦できるスタイルのあそびです。これまで紹介してきた様々なあそびの中から、屋内で取り組みやすいものを組み合わせた一例を紹介します。

 人数 1人～
 年齢 3歳～
 環境 屋内
 使う物 とび箱・マット・玉・平均台・はしご・フラフープ等

### ねらい
繰り返し課題に挑戦することで、楽しみながら運動スキルを向上させる

### ここが育つ
- 筋力 ・持久力 ・協応性 ・敏捷性 ・巧緻性 ・スピード
- 身体認識力 ・空間認知能力
- 移動系運動スキル ・平衡系運動スキル ・操作系運動スキル ・非移動系運動スキル

### ルール
1. スタートライン（ゴールライン）を決める。
2. スタートから順番に課題に取り組めるように屋内でできるあそびを設営する。
3. 子どもは、スタートの合図で順番に課題に挑戦する。時間内で2周、3周と、巡回して遊ぶ。

**2. 前転** P122
もしくは、ひざかかえ横まわり P120
（移動する）

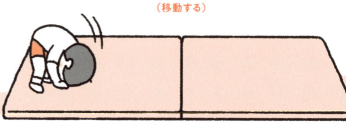

**1. マット山のぼり**
P216（移動する）

スタート／ゴール

子どもの運動能力の差を考え、課題をいくつか用意する、同じ遊具でも高さを変える等して、難易度の異なる課題を設けるようにしましょう。

**8. 新聞ランナー** P98
（移動する・操作する）

**7. フープとび** P180
もしくは、フラフープまわし P178
（操作する）

⚠️注意
**1か所に子どもがかたまらないように**
待ち時間の多い課題ではコースを複数用意する、子どもをグループにわけて、違う場所からスタートさせる等してみましょう。

★ 4つの運動スキル（P8～11）をバランスよく取り入れるとよい。

# サーキットあそびでバランスのとれた体力づくり

　サーキットあそびの特徴は、巡回式であること。いろいろなあそびに複数回チャレンジできるため、たとえ苦手な運動があっても自然に挑戦できます。移動系、平衡系、操作系と課題のジャンルをわけてもいいですし、伸ばしたい能力を重点的に課題とするのもいいでしょう。飽きさせないよう難易度に変化をつけたり、順路をわかりやすく示したり。子どもの年齢や発達に合わせて工夫してみてください。

3・4・5歳　組み合わせの運動

移動・バランス・操作・その場　屋内サーキットあそび

とび箱・マット・玉・平均台・はしご・フラフープ

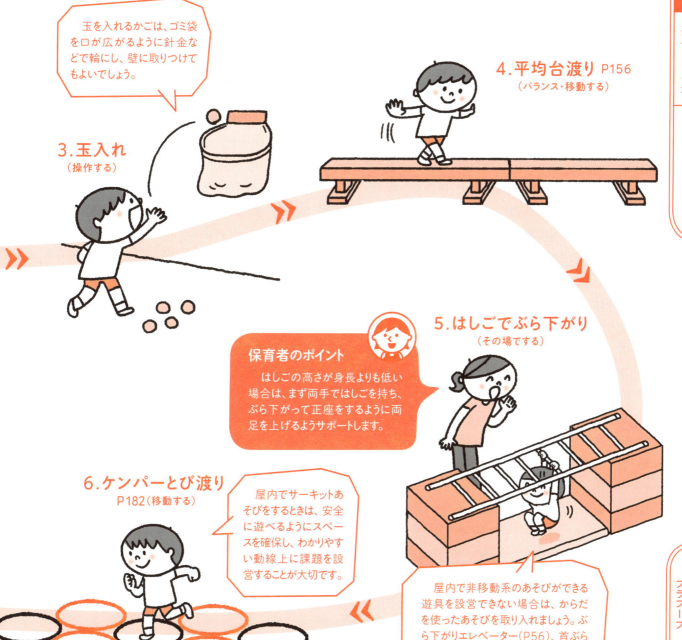

3. 玉入れ（操作する）

玉を入れるかごは、ゴミ袋を口が広がるように針金などで輪にし、壁に取りつけてもよいでしょう。

4. 平均台渡り P156（バランス・移動する）

5. はしごでぶら下がり（その場でする）

**保育者のポイント**
はしごの高さが身長よりも低い場合は、まず両手ではしごを持ち、ぶら下がって正座をするように両足を上げるようサポートします。

6. ケンパーとび渡り P182（移動する）

屋内でサーキットあそびをするときは、安全に遊べるようにスペースを確保し、わかりやすい動線上に課題を設営することが大切です。

屋内で非移動系のあそびができる遊具を設営できない場合は、からだを使ったあそびを取り入れましょう。ぶら下がりエレベーター（P56）、首ぶら下がり（P56）等がおすすめです。

**組み合わせの運動**

移動・バランス・操作・その場

# 園庭サーキットあそび

園庭にある固定遊具と、これまで紹介してきたあそびを利用して、何周でもまわって遊べるサーキットあそびのコースをつくってみましょう。まわりやすく、交差しない動線にすることがポイントです。

人数
1人〜

年齢
3歳〜

環境
園庭

使う物
タイヤ・鉄棒・すべり台・総合遊具・ボール・なわ等

**ねらい** 繰り返し課題に挑戦することで、楽しみながら運動スキルを向上させる

**ここが育つ**
・筋力 ・持久力 ・協応性 ・敏捷性 ・巧緻性 ・スピード
・身体認識力 ・空間認知能力
・移動系運動スキル ・平衡系運動スキル ・操作系運動スキル ・非移動系運動スキル

**ルール**
1. スタートライン（ゴールライン）を決める。
2. スタートから順番に課題に取り組めるように園庭でできるあそびを設営する。
3. 子どもは、スタートの合図で順番に課題に挑戦する。時間内で2周、3周と、巡回して遊ぶ。

**2.タイヤの上で片足ポーズ10秒**
（バランス）

タイヤがない場合は、平均台や代わりになる台の上でポーズをとります。

**1.スキップ** P91
（移動する）

スタート
ゴール

**8.ゴールにダッシュ**
（移動する）

**7.前とび10回** P114
（操作する）

★ 4つの運動スキル（P8〜11）をバランスよく取り入れるとよい。
タイヤの上で片足ポーズの関連あそび：バランスあそび（P146）

## アレンジあそび

### おみくじサーキット
どの課題をどの順番でまわるかを示したくじを事前につくり、子どもはくじを引いて課題に挑戦する。くじをつくる場合は、課題ごとにマークを決めて、低年齢の子でも順番がわかるようにする。

### 助け合いサーキット
1グループ3～4人になるようにわけ、グループ単位で課題に挑戦する。子ども同士で励まし、助け合い、全員がクリアできたら、次の課題に移る。保育者は全員がクリアできるように、状況に合わせて難易度を変え、サポートする。

> 屋外でサーキットあそびをする場合は、総合遊具やすべり台、鉄棒などの固定遊具を中心に動線を考えて課題を設営しましょう。

**3. ふとん干し** P198
（その場でする）

**4. すべり降り** P134
（移動する）

**5. 総合遊具**
（移動する・バランス）

**6. ゴールにシュート！**
P168（操作する）

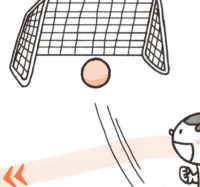

3・4・5歳　組み合わせの運動

移動・バランス・操作・その場

園庭サーキットあそび

タイヤ・鉄棒・すべり台・総合遊具・ボール・なわ等

# 子どもたちの心を動かす
# あそびのつくり方

## 幼稚園の先生より

### あそびの組み合わせで、もっとワクワク、夢中に。思考力まで刺激する

　今の子どもたちは、「何をして遊ぶか」という思考の部分を依存してしまいがち。「何でもいいから遊ぼう」と言ってきたりします。そんなときは、運動あそびに誘導するのにもってこいのタイミング。そして、運動あそびが苦手、という先生に特におすすめしたいのが、「忍者修行」です。

「ニンニン」と言いながら、「見つからないように移動するよ」と言うだけで、もう子どもたちは夢中です。バランスの運動も、操作系も、移動系も、すべて忍者の修行の中に取り入れられますし、できない子がいたら忍者みんなで助けに行けます。そして、次第に子どもたちはいろいろな修行をはじめます。「カニになる修行！」と横歩きで移動したり、奇妙な動きの子が増えてきます。あそびは、ちょっとした工夫でどんどん広がり、どんどん複合的になります。自分たちであそびを発展させる喜びは、思考力を刺激して、さらにオリジナリティにあふれたあそびを生み出すでしょう。（齋藤君世）

## 保育園の先生より

### サーキットあそびのポイントは得意な子も苦手な子もたくさん動けるかどうか

　発達段階に合わせて運動あそびができるよう、環境を整えることが大切です。例えば、平均台なら高さ違いで2つ用意しましょう。できる子は高いほうからジャンプ、苦手な子は低いほうをゆっくり歩く。それぞれが活動できる時間を増やす努力をすることで、待ち時間も少なく、みんながサーキットを楽しむことができます。

　適切な段階を踏まず、一斉に運動あそびをさせるとけがをすることがありますので、その子に合ったあそびができるかどうかを、まず考えてみてください。また、サーキットあそびだからと意気込んで、大きなものをつくる必要はありません。一人ひとりに時間がかかったり、保育者がつきっきりでなければできないものは避けるのもポイントです。（山梨みほ）

## 体育指導の先生より

### 身近なもので、簡単に、自由につくる運動あそびを考えるおもしろさ

　どうやって運動あそびをすればいいですか？　と質問されることがあります。お金はかけられないし、大きなものをつくることもできない。そんなとき、私は身近なものや道具であそびをつくりましょうと提案します。新聞紙、ペットボトル、ボール、なわ、フラフープ。普段、子どもたちと接する先生たちが1人3つずつ考えて、優秀作品を競うというのもいいですし、子どもたちとあれこれ考えながらいっしょにつくるのもいいでしょう。凝ったものである必要はありません。むしろ、シンプルなほうが、変化や工夫を楽しめます。自分たちでつくるという工程のすばらしさを、保育者も子どもも体験できるとよいですね。（小石浩一）

# 季節の あそび

ここでは、外あそびや水あそび・雪あそび、運動会の競技を紹介します。子どもたちがのびのびと楽しみながら、また、意欲や目的をもって遊ぶ中でこそ、運動能力をはじめとする様々な力は育まれていきます。その意義を感じながら、思う存分、季節のあそびを楽しみましょう。

トンネル開通

そりあそび

水中トンネルくぐり

キャタピラーリレー

季節のあそび
運ぶ・つくる

基本のあそび
# 砂場あそび

| 人数 | 年齢 | 環境 | 使う物 |
|---|---|---|---|
| 4人〜 | 2歳〜 | 砂場 | 水・スコップ・バケツ等 |

**発展** レストランごっこ ▶ P228 ／ だんごづくり ▶ P228 ／ トンネル開通 ▶ P229 ／ 川と海の町づくり ▶ P229

**ねらい** 砂を運ぶ、掘る等のあそびを通して、筋力や巧緻性、想像力や社会性を育む

**ここが育つ**
- 筋力 ・巧緻性 ・協応性
- 身体認識力 ・空間認知能力
- 操作系運動スキル

**ルール**
1. 活動しやすく、汚れてもよい服装になる。
2. スコップやバケツ等の道具を使って砂場で遊ぶ。
3. 遊び終わったら、しっかり手を洗い、爪の間に入った砂もとる。

**注意 遊ぶ前に必ず点検**
砂場で遊ぶ前は、砂を軽く掘り起こして、ガラス片や動物のふん等がないかを確認しましょう。

### 穴掘り
手やスコップを使って、砂を掘る。掘った砂をバケツやボウル等の容器に入れたり、集めて山にしたりして遊ぶ。

## 五感を使ってダイナミックに遊べる場所

　砂場は、子どもたちが思いついたことをどんどん試せる場所です。そして、夢中になって遊ぶことで、子どもたちはたくさんのことを学び、感じとっていきます。例えば、サラサラ、ザラザラ、冷たさ等で得られる感覚刺激、掘ったり運んだり、道具を使うことで育まれる筋力や器用さ、山や川などイメージしたものをつくるための想像力や粘り強さ……。また、砂あそびは家庭ではなかなか体験できないので、集団生活の場でこそ体験したいあそびです。五感をフルに働かせる砂場あそびの時間は、年齢を問わず大切にしましょう。

こんなときどうする？
## Q&A

**Q** 砂場あそびをするときに注意すべきことは？

**A** 水にぬれた砂は、ぬるぬるやベトベトといった感覚刺激を体験できるおすすめのあそびです。思いっきり遊べるよう、砂場のゴミを取り除く、きれいな水を使う、遊び終わったらしっかり手足（からだ）を洗う等、衛生面にも注意しましょう。衣服が汚れてしまうので、保護者には砂場あそびのよさを説明し、日程を知らせて理解を得られるようにしましょう。

### 保育者のポイント
砂場あそびは、道具の貸し借りや、友だちと相談しながらいっしょに何かをつくる等、社会性を育むのに最適です。トラブルも起こりがちですが、保育者は子ども同士でどう解決するかを見守る余裕をもちましょう。

### 水流し
砂場に穴や川のような溝を掘り、そこに水を流し込んで、水を溜めたり、水の流れを楽しんだりする。おだんごや山をつくるあそびでは、少量の水で土を湿らせると固まりやすくなる。

### 山づくり
手や道具を使い、周囲から砂を集めて山をつくる。友だちと共同作業を行いやすく、つくることで達成感も感じられる。

3・4・5歳 季節のあそび

運ぶ・つくる

砂場あそび

水・スコップ・バケツ

基本 砂場あそび 発展 レストランごっこ／だんごづくり／トンネル開通／川と海の町づくり

## 砂場 発展のあそび
# レストランごっこ

| 人数 | 年齢 | 環境 | 使う物 |
|---|---|---|---|
| 2人〜 | 3歳〜 | 砂場 | バケツ・皿など |

スコップで砂をおわんに移したり、トレイに乗せて運んだりすることで、道具を操作する練習になります。

**発展ポイント**
砂を使い、ごっこあそびのバリエーションを広げる

**ここが育つ**
- 協応性 ・巧緻性
- 身体認識力
- 操作系運動スキル

**ルール**
1. 皿やボウル等、砂で遊べる道具を用意する。
2. 子どもの中で役割を決める。
3. 砂を料理に見立ててごっこあそびをする。

★ 草や葉っぱ等、砂以外のものも使ってもよい。

---

## 砂場 発展のあそび
# だんごづくり

| 人数 | 年齢 | 環境 | 使う物 |
|---|---|---|---|
| 1人〜 | 3歳〜 | 砂場 | 水 |

最初は保育者がいっしょにつくってみましょう。よりきれいにつくるために、上手な子が他の子につくり方を教えたり、協力し合ったりする姿も見られます。

**発展ポイント**
砂を丸くする技術を競い、ごっこあそびにも展開させる

**ここが育つ**
- 筋力 ・協応性 ・巧緻性
- 身体認識力
- 操作系運動スキル

**ルール**
1. バケツに水をくみ、砂場に流して砂を湿らせる。
2. 湿った砂を手のひらで握り、転がすようにしてだんごにする。
3. 球体になってきたら、乾いている砂をかける。

★ 細かい砂をかけながら根気よくみがくと、光るだんごになる。

## 砂場　発展のあそび
# トンネル開通

| 人数 | 年齢 | 環境 | 使う物 |
|---|---|---|---|
| 2人～ | 4歳～ | 砂場 | 水・スコップ・バケツ等 |

**発展ポイント**　友だちと協力して、同じ目標（トンネル開通）に挑戦する

**ここが育つ**
- 筋力　・協応性　・巧緻性
- 身体認識力　・空間認知能力
- 操作系運動スキル

**ルール**
1. 砂を集めて山をつくる。硬くなるように、水をかけながらつくってもよい。
2. 山を壊さないように斜面にトンネルを掘る。
3. 両方から掘り進め、トンネルを開通させる。

**保育者のポイント**　トンネルを開通させるには、山が固まっていることが大切です。砂を押し固めながら山をつくるよう、アドバイスしましょう。

★ 一気に掘り進めると山が崩れやすいので、少しずつ掘る。

---

## 砂場　発展のあそび
# 川と海の町づくり

| 人数 | 年齢 | 環境 | 使う物 |
|---|---|---|---|
| 3人～ | 4歳～ | 砂場 | 水・スコップ・バケツ等 |

**発展ポイント**　友だちと協力して、川と海の町づくりに挑戦する

**ここが育つ**
- 筋力　・協応性　・巧緻性
- 身体認識力　・空間認知能力
- 操作系運動スキル

**ルール**
1. 砂場を大きく使い、川や海にする場所を相談して決める。
2. 共有したイメージに沿って、形をつくっていく。
3. 川に水を流す。

全体のイメージを共有してからはじめるのではなく、いくつかのグループでつくったものを最後に川や道路でつなげてもいいでしょう。

季節のあそび

歩く・すべる・登る

基本のあそび
# 公園あそび・山のぼり

| 人数 | 年齢 | 環境 | 使う物 |
|---|---|---|---|
| 4人〜 | 2歳〜 | 公園 | ボール・遊具 |

発展　芝すべり▶P232／木のぼり▶P232／山のぼり▶P233

**ねらい**　自然の中で季節を感じ、様々なあそびを楽しむ

**ここが育つ**
- 協応性　・巧緻性
- 身体認識力　・空間認知能力
- 移動系運動スキル　・操作系運動スキル

**ルール**
1. 園から公園まで、安全に注意して歩く。
2. 保育者の目の届く範囲で遊ぶ。大きな公園では、遊ぶ範囲を決める。
3. 友だちとともに、大好きなあそびを楽しむ。

## 自然あそび

落ち葉、木の実、枝、石など、落ちているものをひろう。種類や色でわけたり、並べたり、ままごとの道具にしたりして遊ぶ。

**注意　遊ぶ前にチェック！**
遊具が壊れていないか、濡れていないか、危ない場所はないか、点検してから遊びましょう。遊ぶ範囲を決め、保育者は見通しのよいところに立って見守ります（詳しくはP14）。

## こんなときどうする？ Q&A

**Q** 公園あそびの行き帰りで注意すべきことは？

**A** 基本は2列で手をつなぎ、異年齢であれば大きい子が車道側を歩きます。細い歩道は1列になって歩き、なるべく車道から離れて歩きましょう。横断歩道は、余裕をもって渡り、点滅したら渡りません。渡りきれない場合もあるので、先頭、中間、後尾に保育者がつくことが理想ですが、少なくとも前後には保育者がつくようにして歩きましょう。

## 幼稚園の先生より

### ささいなことでも「からだの動き」をプラスする

自然の中で遊ぶことは、子どもと保育者にとって宝探しのようなものです。どんぐりを見つけたら、子どもはひろいますよね。そのとき、「袋を持って行ってひろう」のではなく、「よーい、ドンで10個ひろったら、このバケツに入れよう」にしてみてください。すると、子どもの動きが変わります。

さらにバケツのまわりに円を描き、「円に入らないでバケツに入れよう」にすると、操作系のあそびになります。からだを使うという発想を加えることで、ゲーム性が生まれ、より子どもたちが夢中になって遊べます。そんな機会が生活の中にたくさん隠れているはずです。（幼稚園／齋藤）

### 公園遊具あそび
公園にある遊具で遊ぶ。順番を守る、交代しながら遊ぶ、危ないことはしない等、ルールを遊ぶ前に確認する。

### 広場あそび
広い場所でからだをたくさん動かすあそびをする。おにごっこ（P100〜）、なわとび（P112〜）、ボールあそび（P162〜）がおすすめ。

---

3・4・5歳　季節のあそび

歩く・すべる・登る｜公園あそび・山のぼり

ボール・遊具

基本 公園・山のぼり　発展 芝すべり／木のぼり／山のぼり

## 公園・山のぼり 発展のあそび
## 芝すべり

| 人数 | 年齢 | 環境 | 使う物 |
|---|---|---|---|
| 1人〜 | 3歳〜 | 芝のある斜面 | ダンボール |

> ダンボールは、長細く切ってひもを通して持ち手をつくると安定してすべれます。摩擦や転ぶことを考え、服装は長袖のほうがよいでしょう。

**発展ポイント**　斜面を利用してすべるスピードを楽しむ

**ここが育つ**
・調整力　・バランス　・スピード
・空間認知能力
・移動系運動スキル　・平衡系運動スキル

**ルール**
1. 芝生や草が生えている斜面に登る。
2. ダンボールに座って、斜面をすべる。

**保育者のポイント**
すべるときは、保育者は斜面の下にいて、子どもを受け止めるようにします。

★ 斜面に枯葉や落ち葉などがあると、すべりやすい。

---

## 公園・山のぼり 発展のあそび
## 木のぼり

| 人数 | 年齢 | 環境 |
|---|---|---|
| 1人〜 | 4歳〜 | 木 |

**発展ポイント**　自分の力で木に登ることで、自信や達成感を得る

**ここが育つ**
・筋力　・協応性　・巧緻性　・調整力
・身体認識力　・空間認知能力
・移動系運動スキル

**ルール**
1. 手や足をかけやすい木を探す。
2. 自分のできる範囲で登る。
3. 降りるときは飛び降りないで、足場を確認しながらゆっくり降りる。

**注意 登る前に確認**
登る前に、倒れかけていたり、すべりやすくないかを確認しましょう。登るときよりも、降りるときに注意を促します。

★ 登れる子が見本を見せ、足のかけ方や登るコツを教え合うのもよい。

## 公園・山のぼり 発展のあそび
# 山のぼり

| 人数 | 年齢 | 環境 |
|---|---|---|
| 3人〜 | 4歳〜 | 山 |

**注意　準備は万全に**
事前にコースの下見をし、休憩するポイントを確認しておきます。登る前には、子どもたちをトイレに行かせます。

**発展ポイント**　目的地まで登ることで、自信や達成感を得る

**ここが育つ**
- 筋力　・持久力　・バランス
- 身体認識力　・空間認知能力
- 移動系運動スキル

**ルール**
1. 子どもたちには、必ず保育者が見えるところを歩くように伝え、こまめに休憩する。
2. 下りは走りやすくなり、バランスを崩しけががが多くなるので、ゆっくり下山する。

## 自然の驚異や恐さをちゃんと体験しよう

　いつも安全で守られた環境にいる子どもたち。けれど、自然の中には多くの危険があります。凸凹したすべりやすい地面、つかまる場所も不安定で、一歩一歩確認しながら進んでいく。自然の中でこそ発揮される思考力は、自分を守る力につながっています。

**保育者のポイント**
　すべりやすい土の部分、岩場などでは子どもより低い場所で見守ります。子どもの補助をするときは、おしりを押し上げるのではなく、子どもの足の近くに保育者の足を添え、子ども自身が手や足で踏ん張れる場所をつくるようにしましょう。

3・4・5歳　季節のあそび

歩く・すべる・登る

公園あそび・山のぼり

ダンボール

## 季節のあそび ふれる

### 基本のあそび
# 水に慣れるあそび

| 人数 | 年齢 | 環境 |
|---|---|---|
| 1人～ | 2歳～ | プール |

**発展** 水中生きものごっこ ▶P236 ／ バケツ水入れ競争 ▶P237 ／ ジャンケン汽車 ▶P237

**ねらい** あそびを通して、顔に水がかかったり、顔を水につけたりすることに慣れていく

**ここが育つ**
- 筋力 ・協応性 ・巧緻性
- 身体認識力
- 操作系運動スキル

**ルール**
1. 十分に準備体操をして、水に入る。
2. 水たたき～水打ちまでを行う。

### STEP1 水たたき
手をパーにして、水面をたたく。

### STEP2 水きり
水面に対して手のひらを垂直にして切るように振り下ろす。

### STEP3 水パンチ
手をグーにして、水面をたたく。

### STEP4 水すくい
両手で水をすくって、流す。

★ 水あそびや水泳の指導では、指導者のほか、安全面の管理や監督のできる補助者をつける。

## 水あそびのステップアップ

1. 水に顔をつける
2. 沈んだり、浮いたりする
3. 浮いて手足を動かし、泳ぐ

子どもが「浮く」ことを学ぶと、水あそびの安全性が高まります。さらに、バタ足や呼吸などの技術を身につけられると、あそびが広がり、挑戦できることが増えます。プールの環境にも左右されますが、安全に楽しく遊ぶためにも、技術を教える工夫をしてみましょう。

### STEP5 水受け

両手で水をすくって放り投げ、それを受ける。

**保育者のポイント**
保育者は、全員の子どもたちが見える位置に立ちます。15分くらいを目安に、水から出て休憩させましょう。あそびは30分くらいでひと区切り。風があって寒いようであれば、はやめに切り上げます。

### STEP6 水打ち

両手で水をすくって放り投げ、それを手で打つ。

からだや顔にかかる水の量を少しずつ多くするあそびで、水に慣れていきましょう。

## はじめは恐怖心を起こさせないよう注意して

顔に水がかかる不安や、鼻や口に水が入る恐さ、中には水の触感に嫌悪感を示す子もいます。特に注意してほしいのが、初期段階。あせって指導すると恐怖心を大きくしてしまうため、時間を十分にかけて、水の中で遊ぶことからはじめましょう。ふだん陸上で行っているあそびを取り入れたり、イヌ・ワニ・アザラシ等の動物のまねをして遊んだりするのも効果的です。本来、子どもは水あそびが大好き。ゆっくりと子どものペースで経験させましょう。

基本 水に慣れるあそび　発展 水中生きものごっこ ／ バケツ水入れ競争 ／ ジャンケン汽車

## 水に慣れる 発展のあそび
# 水中生きものごっこ

- 人数 1人〜
- 年齢 3歳〜
- 環境 プール

**発展ポイント** 水中で動物や魚などの生きものの動きをまねする

**ここが育つ**
- 柔軟性 ・筋力 ・バランス
- 身体認識力
- 移動系運動スキル ・平衡系運動スキル

**ルール**
1. 水の中に入り、動物や魚などの生きものの動きをまねして動く。
2. 全員で同じ動きをしたり、ゴールを決める等、移動を楽しんでもよい。

### イヌ歩き
四つ這いで歩く。浅いプールで行う。

### カニ歩き
両手をはさみに見立て、しゃがんで横歩きをする。

### ウサギとび
両手を耳に見立て、しゃがんで両足とびをしながら移動する。

### カエルとび
しゃがんだ姿勢から跳び上がって移動する。

## 水に慣れる 発展のあそび
# バケツ水入れ競争

   人数 4人〜 / 年齢 3歳〜 / 環境 プール / 使う物 バケツ

**アレンジあそび　頭上バケツ水入れ競争**
バケツを子どもの頭の上で支え、そこに向けて水を入れる競争をします。バケツを持つ子は、顔に水がかかるのを恐がらない子にしましょう。

**発展ポイント**　繰り返し水をすくって、水に慣れる

**ここが育つ**
- 筋力　・巧緻性
- 身体認識力　・空間認知能力
- 操作系運動スキル

**ルール**
1. いくつかのチームにわけ、チームごとに保育者はバケツを持って立つ。
2. 子どもは、水をすくってバケツに入れる。時間内に多く水を入れたチームが勝ち。

★ 慣れてきたら、バケツの高さを少しずつ高くする。

---

## 水に慣れる 発展のあそび
# ジャンケン汽車

   人数 4人〜 / 年齢 3歳〜 / 環境 プール

**発展ポイント**　水の中で歩きまわることで水に慣れる

**ここが育つ**
- 筋力　・バランス　・巧緻性
- 身体認識力　・空間認知能力
- 移動系運動スキル

**ルール**
1. 最初は、1人ずつ水中を歩く。
2. 合図があったら、近くの子とジャンケンをする。
3. 負けた子は、勝った子の後ろから肩に両手をかけ、つながって歩く。
4. 最後に1列の先頭になった子の勝ち。

3・4・5歳　季節のあそび　ふれる　水に慣れるあそび　バケツ

## 季節のあそび　もぐる

### 基本のあそび
# 水に顔をつけるあそび

- 人数：3人〜
- 年齢：3歳〜
- 環境：プール

**発展** 水中石ひろい ▶ P240 ／ 水中ジャンケン ▶ P241 ／ 水中手つなぎジャンプ ▶ P241

**ねらい**
あそびを通して水に顔をつけられるようになる

**ここが育つ**
- 筋力　・巧緻性　・バランス
- 身体認識力　・空間認知能力
- 移動系運動スキル

**ルール**
1. 十分に準備体操をして、水に入る。
2. 遊びながら、顔を水につけることに慣れる。

### 水のかけ合い
子ども同士向き合って、水のかけ合いをする。よけたり、顔をふいたりしないようにがんばらせる。

### 水中トンネルくぐり
子ども同士は、手をつないでトンネルをつくる。トンネルは、だんだん通る子どもの顔が水につかる高さにしていく。

> 慣れたら、トンネルを増やして連続してくぐるようにしてもよいでしょう。

### 水中おじぎ

子どもと保育者が向き合い、手をつなぐ。子どもがおじぎをするように前かがみになり、水に顔をつける。息が苦しくなったら、顔を上げて呼吸し、またつける。つけていられる時間を競ってもよい。

保育者が足りないときは、プールの縁に手かけて行ってもよいでしょう。

つかまる場所があるほうが、姿勢が安定するので、子どもは顔を水につけやすくなります。

### 水中行進

子どもと保育者が向き合い、手をつなぐ。保育者は、子どもをゆっくり引きながら後ろに歩き、子どもは顔をつけて前進する。

できるようになったら、子どもは1人で、両手で水をかきながら前進します。

## 呼吸ができると、水あそびはぐんと自由になる

最初は、あごと口だけを水の中につけて、ブクブクーと息をはかせます。次は鼻やおでこまでつけて、ブクブクーと息をはき、最後に顔を上げてパッとはかせます。

ポイントは、顔をあげた瞬間に吸うのではなく、しっかりとはききってから新たな息を吸うこと。呼吸をマスターすれば、恐怖心やからだの緊張もなくなり、水泳へのステップも踏み出しやすくなります。

### こんなときどうする？ Q&A

**Q 顔に水がかかるのを嫌がる子はどうすればいい？**

**A** 顔を水で洗ったり、お風呂でシャワーを顔にかけてみたりし、日常生活の中で、できることからはじめましょう。無理やりにではなく、楽しく慣れていくことがポイントです。ゲーム感覚で行ってみたり、ほっぺに少量でもかけられたら、うんとほめてあげたり。少しずつ、楽しく、トライしてみましょう。

★ 顔に霧吹きで水をかけることは、子どもが恐がるので、水慣れには向かない。

基本 水に顔をつけるあそび ／ 発展 水中石ひろい ／ 水中ジャンケン ／ 水中手つなぎジャンプ

## 水に顔をつける 発展のあそび
# 水中石ひろい

| 人数 | 年齢 | 環境 | 使う物 |
|---|---|---|---|
| 1人〜 | 3歳〜 | プール | 石 |

**発展ポイント** 石ひろいで水中にもぐり、目を開けることに慣れる

**ここが育つ**
- バランス ・協応性 ・巧緻性
- 身体認識力 ・空間認知能力
- 移動系運動スキル

### 水中石ひろい
プールの底に石を置き、子どもは目を開けて水中にもぐって、石をひろう。

### 2人組で石ひろい
2人組になり、1人が石を水中に投げ入れて、もう1人は水中にもぐって目を開けて、その石をひろう。

### 石ひろい競争
プールの底にばらけるように石を投げ入れ、合図で子どもが水中にもぐって、石をひろいに行く。ひろった数が多い子の勝ち。

**アレンジあそび**

**水中宝さがしゲーム**
石に赤、青、黄の色をつけ、赤1点、青2点、黄3点、というように点数を決め、石をプールに投げ入れる。子どもは2チームにわかれ、それぞれのチームがひろった石の点数を競う。

## 水に顔をつける 発展のあそび
# 水中ジャンケン

人数 2人～　年齢 4歳～　環境 プール

> **アレンジあそび**
> 水中にらめっこ
> 2人でいっしょに水中にもぐり、水の中でにらめっこをする。笑ったり、苦しくなって先に顔を上げた子の負け。

**発展ポイント**　水中にある程度の時間もぐっていられるようにする

**ここが育つ**
- 協応性 ・巧緻性
- 身体認識力 ・空間認知能力
- 移動系運動スキル

**ルール**
1. 子どもは向かい合い、いっしょに水中にもぐる。
2. 水中でジャンケンをする。

---

## 水に顔をつける 発展のあそび
# 水中手つなぎジャンプ

人数 3人～　年齢 4歳～　環境 プール

> 慣れてきたら、水中にもぐるくらいまでしゃがんで、勢いよく跳び上がりましょう。

**発展ポイント**　もぐったり、跳んだりを友だちといっしょにする

**ここが育つ**
- 筋力 ・巧緻性 ・瞬発力
- 移動系運動スキル

**ルール**
1. 子ども同士で手をつなぐ。
2. かけ声をかけながら、一斉にしゃがんで、同じタイミングで跳び上がる。
3. 水に慣れたら、全員で手をつないだまま一斉にもぐり、跳び上がる。

★ 1列だけでなく、2列で向かい合ったり、輪になったりして行ってみるのもよい。

3・4・5歳 季節のあそび／もぐる／水に顔をつけるあそび

241

季節のあそび
浮く

# 基本のあそび
# 水に浮くあそび

| 人数 | 年齢 | 環境 | 使う物 |
|---|---|---|---|
| 1人〜 | 3歳〜 | プール | ビート板 |

**ねらい** 　水に浮くことができるようになる

**ここが育つ**
- バランス ・巧緻性
- 空間認知能力
- 平衡系運動スキル

**ルール**
1. 十分に準備運動をして、水に入る。
2. からだの力を抜いて浮くことができるように、浮き島〜引き舟まで、順を追って少しずつできるようにしていく。水中では、目を開けるようにする。

### STEP1
### 浮き島

大きなビート板の上に子どもを乗せ、保育者はゆっくりと板を動かす。

### STEP2
### 伏し浮き

浅いプールで、両手を底につけて足を伸ばす。顔をつけたときに、手を前に伸ばすと、からだが自然に浮く。浮いた状態は、2〜3秒でもよい。

**保育者のポイント**
恐がる場合は、子どものみぞおちあたりに保育者の手を添えて支えると、水に浮く感覚がつかめます。

### STEP3
### 壁つかみ浮き

プールの壁につかまって、あごを引き、顔を水につける。ひざを曲げてからだを浮かせる。

### STEP4
### くらげ浮き

ひざをかかえて、顔をひざにつけるようにして、力を抜いて浮く。

> **アレンジあそび**
>
> **丸太浮き**
> 顔を水につけて力を抜き、手足を揃えるように伸ばして浮く。
>
> **大の字浮き**
> 顔を水につけて力を抜き、手足を大の字に伸ばして浮く。

### STEP5
### 引き舟

保育者が子どもの両手を持ち、子どもを浮かせて、後方に引いていく。

**保育者のポイント**

できるだけからだを低くして、肩まで水につけてから、水面をすべるように前に蹴ると浮きやすくなります。立つときは、ひざを曲げさせ、からだを起こすことを伝えましょう。

**こんなときどうする? Q&A**

**Q** 水の中に入ると緊張してうまく動けない子がいます。

**A** 子どもたちが恐がるのは、足が水底から離れてしまい、不安定な状態になるから。まずは、水の中で安全に立てることを学ばせましょう。伏し浮きから立ったり、あおむけから立ったりをよく練習すれば、どんな状態からでも立つことができ、安心感につながります。

---

3・4・5歳 季節のあそび

浮く

水に浮くあそび

ビート板

季節のあそび / 蹴る

## 基本のあそび
# バタ足

 人数 1人〜
 年齢 3歳〜
 環境 プール

発展　ビート板キック ▶ P245 ／ みんなでバタ足 ▶ P245

**ねらい**　バタ足ができるようになる

**ここが育つ**
・筋力　・瞬発力　・リズム　・持久力
・身体認識力　・空間認知能力
・移動系運動スキル

### 座ってバタ足
プールサイドに浅く腰をかけて、足を伸ばす。足は少し内またにし、両足の親指が軽くふれ合うように動かす。

### 壁つかみバタ足
プールの壁につかまって、伏し浮きの姿勢になり、顔を上げて足を動かす。このとき、肩や腕の力を抜くようにする。

## バタ足のポイントは全身の力を抜くこと

　足を動かすという動作に、心理的恐怖心が加わるせいか、全身に力を入れ過ぎてしまう子が多いようです。すると、浮くための基本姿勢が崩れ、うまく進むこともできません。そんなときは、スイミングヘルパーが効果的です。からだが浮くことで力が抜け、腰も自然に伸ばすことができます。また、足の動かし方では、ひざを曲げない、足を大きく動かす、両足を離し過ぎないよう、気をつけてあげましょう。

## バタ足 発展のあそび
# ビート板キック

| 人数 | 年齢 | 環境 | 使う物 |
|---|---|---|---|
| 1人〜 | 3歳〜 | プール | ビート板 |

**発展ポイント**　ビート板を持ってバタ足で進む

**ここが育つ**
- 筋力 ・瞬発力 ・バランス ・持久力
- 身体認識力 ・空間認知能力
- 移動系運動スキル

**ルール**
1. ビート板を持ち、腕を伸ばして伏し浮きの姿勢になる。
2. 顔を前に向けて、バタ足をする。

> ビート板の持ち方
> ・両サイドを軽く持つ
> ・ビート板の上に両手を乗せる
> 子どもが行いやすいほうでよいでしょう。

---

## バタ足 発展のあそび
# みんなでバタ足

| 人数 | 年齢 | 環境 | 使う物 |
|---|---|---|---|
| 2人〜 | 3歳〜 | プール | ビート板 |

**発展ポイント**　ロングビート板を使って、みんないっしょにバタ足で進む

**ここが育つ**
- 筋力 ・瞬発力 ・リズム ・持久力
- 身体認識力 ・空間認知能力
- 移動系運動スキル

**ルール**
1. ロングビート板や大きな浮具に子どもたち数人がつかまり、腕を伸ばして伏し浮きの姿勢になる。
2. 顔を前に向けて、バタ足をする。

> チームをわけて、目標地点までどのチームがはやく着くかを競ってもよいでしょう。

## 季節のあそび 運動会

### 基本のあそび
# 運動会：からだを使う競技

| 人数 | 年齢 | 使う物 |
|---|---|---|
| 8人〜 | 2歳〜 | お面・たすき |

**発展** 足ながチャンピオン ▶P247 ／ 親子でおいでおいで ▶P248 ／ スーパーマン ▶P249 ／ 迷子さがし ▶P249

**ねらい** いろいろな生きものになりきってゴールまで進む

**ここが育つ**
- 筋力 ・瞬発力 ・バランス ・協応性
- 身体認識力 ・空間認知能力
- 移動系運動スキル

### 生きものレース

**ルール**
1. スタートライン、中間ライン、ゴールラインを決め、中間のラインにお面を置く。
2. 各チームの人数を同じにし、スタートラインの手前に並ぶ。
3. 合図で先頭の子が走り、中間地点まで走ったらお面をつけ、動物をイメージした動きでゴールまで進む。

例：ウサギ、ゾウ、クマ、イヌ、カニ、カエル等（P86参照）

2人目は「ゾウ」、3人目は「クマ」等、お題を変えましょう。どのお題かわかるように、進行用の大きな看板をつくると、保護者にもわかりやすいでしょう。

スタート

中間

ゴール

日頃から、動物をはじめとする生きもののまねをするあそびを取り入れておきましょう。

★ 関連あそび：這う・歩くあそび（P86）

運動会（からだを使う）発展のあそび

# 足ながチャンピオン

 人数 8人〜　 年齢 3歳〜

**発展ポイント**　友だちと協力しながら、目的地まではやく移動する

**ここが育つ**
- 瞬発力 ・柔軟性 ・敏捷性
- 身体認識力 ・空間認知能力
- 移動系運動スキル

**ルール**
1. スタートラインとゴールラインを決める。
2. 各チームの人数が同じになるようにして、スタートラインの手前に横向きで並ぶ。
3. 「よーい、ドン！」の合図で、最後尾の子が先頭に行く。先頭にいる子と片足同士をくっつけて、距離をかせぐようにして足を大きく開き、両手で拍手をしながら「ハイ！」と言う。
4. 「ハイ！」を聞いてから、最後尾の子が先頭に行き、3の動作をする。
5. 一番はやくゴールラインに全員が入ったチームの勝ち。

**アレンジあそび**

**手つなぎチャンピオン**
足を開く代わりに手をつなぐ。もしくは、くっつけるのはからだのどの部分でもOKとし、どうしたら一番はやく進めるかをチームで考えてもよい。

ゴール　　　スタート

## みんなで参加できてしっかり動ける運動会に

運動会は、「足がはやい」「力が強い」といった子だけが目立つよりも、できるだけたくさんの子が参加して、みんながしっかりと力を発揮できる種目を選びたいもの。2人以上で力を合わせたり、工夫したりしてできるものや、玉入れのように何度でも参加できるものがおすすめです。

制限時間内にできた回数を競うものであれば、チーム人数に多少差があっても問題ないですし、練習も回数が重ねやすく、上達しやすいという特徴があります。

基本 からだを使う競技 発展 親子でおいでおいで ／ スーパーマン ／ 迷子さがし

## 運動会（からだを使う）発展のあそび
# 親子でおいでおいで（親子競技）

| 人数 | 年齢 | 使う物 |
|---|---|---|
| 親子8組〜 | 3歳〜 | たすき |

**発展ポイント**　親子で協力しながら競技を楽しむ

**ここが育つ**
- 筋力　・バランス　・調整力
- 空間認知能力
- 移動系運動スキル

**ルール**

1. スタートラインとリーダーラインを決め、各チームの人数が同じになるようにする。
2. チーム内でジャンケンをし、勝った親子はリーダーラインに移動。その他の親子はスタートラインに親子ペアで並ぶ。最後の親子は、たすきをかける。
3. 「よーい、ドン！」の合図で、先頭の親子が手をつないでリーダーラインまで走り、子ども同士でジャンケンをする。
4. 勝ったときは、リーダー親子の後ろをまわってスタートラインまでもどる。
5. 負けたときは、他の親子を「おいでおいで！」と呼び、チーム全員でリーダー親子の後ろをまわってスタートラインに走る。
6. 負けた親子は、再びリーダーラインまで走り、ジャンケンをする。勝ったら4、負けたら5を繰り返す。
7. 最初にたすきをかけた親子がリーダー親子に勝ち、スタートラインにもどったチームの勝ち。

スタートライン

自分でジャンケンができない低年齢児の場合は親が代わりにジャンケンをします。

勝った！

おいでおいで

負けた

リーダーライン

## 運動会（からだを使う）発展のあそび
# スーパーマン（親子競技）

人数：1チーム 親20人〜、子10人〜
年齢：3歳〜
使う物：マット・たすき

**発展ポイント**
子どものからだを水平に維持させながら、前方にリズミカルに送る

**ここが育つ**
- 筋力  ・バランス
- 空間認知能力
- 移動系運動スキル

**ルール**
1. 親は2列に並んで向かい合い、2人1組で手をつなぎ、左右に振って波をつくる。
2. 波の上を子どもが腹這いになり、スーパーマンになった気分で進む。
3. 子ども全員をはやく送ったチームが勝ち。

スタート／子どもを送り出す人／子どもを受け取る人／ゴール

**注意：マットを敷こう**
子どもの落下防止のため、親は横の間隔をつめて立つようにしましょう。

★ 波の振りは、タイミングよく揃えて動かすと、子どもが動きやすい。

---

## 運動会（からだを使う）発展のあそび
# 迷子さがし（親子競技）

人数：親子8組〜
年齢：3歳〜
使う物：メモ・封筒

**発展ポイント**
他の家族の人たちと仲良く協力しながら競技を楽しむ

**ここが育つ**
- 筋力  ・バランス
- 空間認知能力
- 移動系運動スキル

**ルール**
1. スタートラインとゴールラインを決め、その中間に子どもの名前を書いたメモを入れた封筒を置く。
2. 親はスタートラインに並び、子どもはまとまって座る。
3. 親は5〜7人ずつスタートし、封筒をひろう。中に書かれてある子どもの名前を呼び、子どもが座っている所に行って探す。
4. 探しあてたら、その子を背負ってゴールする。

スタート／ハーイ／ゴール

3・4・5歳 季節のあそび ／ 運動会 ／ からだを使う競技 ／ たすき・マット・メモ・封筒

# 季節のあそび 運動会

## 基本のあそび
# 運動会：道具を使う競技

| 人数 | 年齢 | 使う物 |
|---|---|---|
| 親子10組〜 | 4歳〜 | 体操棒・コーン・たすき |

**発展** 大きなたまご ▶P251 ／ おにごっこ玉入れ ▶P251 ／ タオルでキャッチ ▶P252 ／ お父さん、お母さん大丈夫？ ▶P253

💡 **ねらい** 友だちと協力して棒を運び、タイミングを合わせて跳ぶ

🏆 **ここが育つ**
- 筋力 ・瞬発力 ・リズム ・敏捷性
- 身体認識力 ・空間認知能力
- 移動系運動スキル ・操作系運動スキル

## ゴーゴーハリケーン

**ルール**

1. スタートラインを決め、折り返し地点にコーンや旗などの目印を置く。
2. チームごとに2列になり、最後の子はたすきをかける。「よーい、ドン！」の合図で、先頭のペアが体操棒を持ってコーンをまわってもどってくる。
3. スタートまでもどったら、チームの子たちの足の下を通すように体操棒をくぐらせる。
4. 最後尾まで行ったら、棒を子どもたちの頭上を通るようにして前にもどり、先頭のペアに棒を渡す。渡した子は、列の最後尾につく。
5. たすきをかけた子がスタートラインに棒を置いたら、全員でバンザイする。

子どもは、体操棒が通るタイミングに合わせてジャンプします。ジャンプしやすいように、前後の距離をある程度あけて待たせるようにしましょう。

スタート・ゴール

折り返し地点

長い体操棒がない場合は、新聞紙を丸めて長くした新聞棒や、長い大型タオル等で行ってもよいでしょう。

## 運動会（道具を使う） 発展のあそび
# 大きなたまご

人数 8人〜 ／ 年齢 3歳〜 ／ 使う物 新聞棒・ボール・たすき

**発展ポイント** 友だちと協力し、ボールを落とさないように運ぶ

**ここが育つ**
- 筋力 ・協応性 ・巧緻性
- 身体認識力 ・空間認知能力
- 移動系運動スキル ・操作系運動スキル

**ルール**
1. スタートラインを決め、折り返し地点にコーンや旗などの目印を置く。
2. チームごとに2列になり、先頭のペアは向かい合って2本の新聞棒を持ち、その上にボールを乗せる。
3. 「よーい、ドン！」の合図で、ボールを落とさないように、折り返し地点をまわってもどり、次のペアに交代する。最初に全員が運び終わったチームの勝ち。

次のペアに交代するときは、地面に棒とボールを一旦下ろします。また、途中でボールが落ちたら、その場所からやり直します。

---

## 運動会（道具を使う） 発展のあそび
# おにごっこ玉入れ

人数 8人〜 ／ 年齢 3歳〜 ／ 使う物 玉入れ用かご・玉入れの玉

**発展ポイント** 移動するかごにできるだけたくさん玉を入れる

**ここが育つ**
- 協応性 ・敏捷性 ・巧緻性
- 身体認識力 ・空間認知能力
- 操作系運動スキル ・移動系運動スキル

**ルール**
1. 子どもは2チームにわかれ、保育者はチームの色がわかるようにして、玉入れ用のかごを背負う。玉入れの玉は、地面にまいておく。
2. 「よーい、ドン！」の合図で、自分のチームの色の玉を、自分のチームのかごに入れる。保育者は、玉を入れられないように逃げる。
3. 制限時間内に、玉が多く入ったチームの勝ち。

**保育者のポイント**
子ども同士がぶつかったり、転んだりしないように、かごを背負わない保育者数人で、見守りや言葉かけ等の補助をしましょう。また、最後は、片づけも競争にしましょう。

★ 数を数える際、他のチームの色の玉が入っていたら、カウントしない。

基本 道具を使う競技　発展 タオルでキャッチ／お父さん、お母さん大丈夫?

## 運動会（道具を使う）発展のあそび
# タオルでキャッチ（親子競技）

- 人数：親子10組〜
- 年齢：3歳〜
- 使う物：玉入れの玉・バスタオル

### ねらい
目標に向かってボールをコントロールして投げる

### ここが育つ
- 筋力　・協応性　・巧緻性
- 身体認識力　・空間認知能力
- 操作系運動スキル

### ルール
1. 玉を投げる位置と受ける位置を決める。親は、受ける位置に2列に並び、子どもは球を投げる位置に1列で並ぶ。
2. 親の先頭ペアは、バスタオルの端を持って向かい合う。
3. スタートの合図で、子どもは投げる位置からタオルをめがけて玉を投げる。親は、玉をタオルでキャッチする。
4. タオルで受けられた場合は1点とする。キャッチできてもできなくても、親子ともに交代する。
5. はやく5点とったチームの勝ち。

玉入れ用の玉のほか、テニスボールやドッジボール等、様々な種類のボールを使ってみましょう。

玉を受ける位置

玉を投げる位置

## 保育者の思いが先走り過ぎないように

運動会という発表の場に向けて、練習の精度や本番の完成度にばかり意識が向いてしまいがち。すると、運動や競技を楽しむ子どもたちの気持ちが置き去りにされてしまいます。大切なのは、プロセスです。みんなでいっしょにがんばることが楽しい、という気持ちを育みましょう。

運動会（道具を使う） 発展のあそび

# お父さん、お母さん大丈夫?
（親子競技）

人数：親子10組〜　年齢：3歳〜　使う物：バット・たすき

**発展ポイント** 親子で協力して移動する

**ここが育つ**
- 筋力 ・瞬発力 ・バランス
- 身体認識力
- 移動系運動スキル

**ルール**

1. スタートラインを2本決め、その中間に円を描き、その中にバットを置く。
2. 親子ペアでチームにわけ、スタートラインAとBに、それぞれ親子で手をつないで並ぶ。
3. スタートの合図で、スタートラインAの親子は、子どもをおんぶして中間地点の円まで行く。
4. 子どもをおろし、おでこにバットをあてて、円の中で3周まわる。
5. スタートラインBに、子どもが親の手をつないで誘導し、次の親子にタッチする。
6. 同じことを繰り返し、たすきをかけたアンカー親子がはやく終わったチームの勝ち。

スタートA

スタートB

**注意　メガネは外す**
メガネをしていると、バットにあてたり、転んだりしたときに危険です。

3・4・5歳 季節のあそび｜運動会｜道具を使う競技｜玉入れの玉・バスタオル　バット・たすき

季節のあそび
運動会

## 基本のあそび
# 運動会：廃材を使う競技

| 人数 | 年齢 | 使う物 |
|---|---|---|
| 8人〜 | 3歳〜 | ダンボール・厚紙 |

発展　キャタピラーリレー ▶P255 ／ 楽しいお買いもの ▶P255 ／
たおして、おこして、おんぶして ▶P256 ／
お助けマン ▶P257 ／ うちの子どこだ？ ▶P257

💡 **ねらい**　すばやくカードをめくって自分のチームの色を増やす

🌱 **ここが育つ**
- 協応性 ・敏捷性 ・巧緻性 ・スピード
- 空間認知能力
- 移動系運動スキル ・操作系運動スキル

## 多いのはどっち？

**ルール**

1. ダンボールや厚紙をA4サイズ程度のカード状にし、表は赤、裏は青に塗る。カードは、参加する人数の1.5倍程度用意する。
2. 8メートル以上間をあけてスタートラインを2本引き、その間にカードを赤と青が均等になるように、間をあけて並べて置く。
3. 2チームにわかれ、スタートラインに並ぶ。
4. スタートの合図で、自分のチームの色になるように、他チームの色になっているカードをめくる。
5. 一定時間（30秒）が経ったら、終了の合図をし、各チームのスタートラインにもどる。
6. 多い色のチームが勝ち。

> カードは、色を塗るだけでなく、子どもたちが好きなキャラクターや動物などを描いてもよいでしょう。

> ある程度の厚みがあるほうがめくりやすくなります。

青チームスタート　　赤チームスタート
← 8メートル以上 →

## 運動会(廃材を使う) 発展のあそび
# キャタピラーリレー

- 人数：8人～
- 年齢：3歳～
- 使う物：ダンボール・たすき

> 斜めに進むことがあるので、各チームのコースは、間隔をあけましょう。

**発展ポイント**　キャタピラーになって、目的地までの移動を楽しむ

**ここが育つ**
- 筋力　・瞬発力　・協応性　・巧緻性
- 身体認識力　・空間認知能力
- 移動系運動スキル

**ルール**
1. 大型のダンボールを、子どもが中に入って四つ這いの姿勢ができるサイズの輪にし、しっかりと貼り合わせる。
2. スタートラインを2つ決める。各チームは半数にわかれて、それぞれのスタートラインに並ぶ。最後の子は、たすきをかける。
3. 「よーい、ドン！」の合図で、子どもはダンボールの中に入り、四つ這いになって前方に進む。
4. 反対側のラインに着いたら、次の子に交代する。たすきをかけた子が、はやく到着したチームの勝ち。

---

## 運動会(廃材を使う) 発展のあそび
# 楽しいお買いもの

- 人数：8人～
- 年齢：3歳～
- 使う物：ダンボールや紙で作ったお金・商品

**保育者のポイント**
子どもがどんな商品を選ぶのか、普段の好みも交えてアナウンスすると盛り上がります。

**発展ポイント**　買いもののやりとりと走ることを楽しむ

**ここが育つ**
- 瞬発力　・敏捷性
- 空間認知能力
- 移動系運動スキル

**ルール**
1. スタートラインを決め、10メートルくらい離れた場所をお店にし、商品を置く。
2. 子どもはお金を1つずつ持ち、チームにわかれてスタートラインに並ぶ。お店には保育者が立つ。
3. 「よーい、ドン！」の合図でお店まで走り、お金を渡して好きな商品を買う。商品を受け取ったら、スタートラインまで走ってもどる。

「牛乳ください」

スタート

★ 商品は、子どもたちが工作あそびで作ってもよい。

基本 廃材を使う競技　発展 たおして、おこして、おんぶして／お助けマン／うちの子どこだ？

## 運動会（廃材を使う）発展のあそび
# たおして、おこして、おんぶして（親子競技）

- 人数：親子8組〜
- 年齢：4歳〜
- 使う物：ペットボトル・フラフープ・旗やコーン・たすき

💡 **ねらい**　親子で協力しながら、すばやくゴールをめざす

🦴 **ここが育つ**
- 筋力　・瞬発力　・調整力
- 身体認識力　・空間認知能力
- 移動系運動スキル　・操作系運動スキル

### ルール
1. スタートラインと折り返し地点（旗やコーン）を決め、その中間にフラフープを置く。フラフープの中には、砂を1／3入れたペットボトルを5本立てておく。
2. チームにわかれ、最後の親子はたすきをかける。
3. 「よーい、ドン！」の合図で、子どもは腕立て歩き（P33）でフラフープをめざす。
4. 腕立て歩きのまま、ペットボトルをすべて倒し、その後、立ち上がって親子で手をつないで折り返し地点をまわる。
5. フラフープの場所までもどってきたら、親がペットボトルを立て、子どもをおんぶしてスタートラインまでもどり、次の親子にタッチする。

スタート・ゴール

普段の生活の中で腕立て歩きの練習をして、慣れさせておきましょう。

フラフープ（ペットボトル）の数や、腕立て歩きをする距離は、子どもの年齢や発達に合わせて調整しましょう。

折り返し地点

⭐ 関連あそび：腕立て歩き（P33）

## 運動会（廃材を使う）発展のあそび
# お助けマン（親子競技）

人数 親子8組〜

年齢 4歳〜

使う物 ダンボールのお面・たすき

**保育者のポイント**
お面は事前に子どもたちにかぶらせ、目が見えない中で歩きやすいように助けるにはどうしたらいいかを考えるようにさせましょう。

スタート
こっちだよ

**発展ポイント** 親子でおもいやりながらゴールをめざす

**ここが育つ**
- 筋力 ・調整力
- 空間認知能力
- 移動系運動スキル

**ルール**
1. ダンボールで目が見えないようにお面をつくる。スタートラインと折り返し地点を決める。
2. チームにわかれ、最初の親子は手をつなぎ、親はお面をかぶる。最後の親子は、たすきをかける。
3. 「よーい、ドン！」の合図で、子どもは親の手を引いて、折り返し地点をまわってもどってくる。
4. スタートラインまでもどったら、次の親子にお面を渡す。たすきをかけた親子が、はやくもどったチームの勝ち。

---

## 運動会（廃材を使う）発展のあそび
# うちの子どこだ？（親子競技）

人数 親子8組〜

年齢 4歳〜

使う物 袋

スタート

**発展ポイント** 親子で助け合ってゴールをめざす

**ここが育つ**
- 調整力
- 空間認知能力
- 移動系運動スキル

**ルール**
1. のぞき穴をあけた袋を子どもの人数分用意する。
2. スタートラインとゴールラインを決め、その中間に子ども5〜6人が袋をかぶって待つ。
3. 「よーい、ドン！」の合図で、親はスタートラインから走り、自分の子どもを探して、見つけたら袋を外し、抱っこしてゴールする。

ゴール

## 季節のあそび 運動会

### 基本のあそび
# 運動会：大きな道具を使う競技

人数 8人〜　年齢 2歳〜　使う物 なわとび・とび箱・マット等 ※図参照

発展 ふたりはなかよし ▶ P259 ／ 親子ダブルハット ▶ P260 ／ 親子で忍者修行 ▶ P261

**ねらい**　競技を通して日頃の生活習慣の確認をしながら、運動あそびを楽しむ

**ここが育つ**
- 筋力 ・協応性 ・バランス ・瞬発力 ・スピード
- 空間認知能力
- 移動系運動スキル ・操作系運動スキル

### よく寝、よく食べ、よく遊ぼう！

**ルール**
1. スタートとゴールを決め、その間に、「寝る」「食べる」「遊ぶ」に関連する動作ができる課題をつくる。
2. 2チームにわかれ、最初の子はマットに寝て合図を待つ。
3. めざまし時計の音でスタート。すばやく起きて「おはよう」と言ってから、洗面器で顔を洗うまねをする。次に朝食の場所まで行き、「いただきます」と言ってから食べものの絵を掲げ、「ごちそうさま」と言って机にもどす。
4. Tシャツを着て、「行ってきます」と言い、得意な運動あそびを行う。
5. お立ち台で片足立ちをした後、マット上で前転をして転がり、寝る姿勢になったらゴールとする。

**保育者のポイント**
競技中はアナウンスをし、それぞれの子どもの日頃の様子やがんばっていることを知らせたり、保護者に健康づくりの大切さを再認識してもらうようにしましょう。

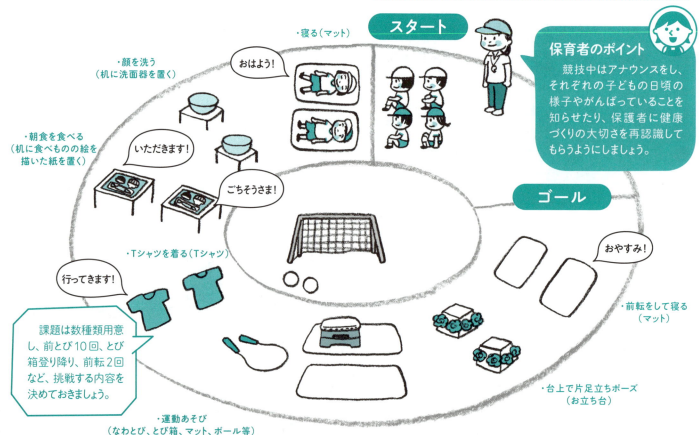

課題は数種類用意し、前とび10回、とび箱登り降り、前転2回など、挑戦する内容を決めておきましょう。

## 運動会（移動遊具）発展のあそび
# ふたりはなかよし

 人数 8人〜
 年齢 4歳〜
 使う物 平均台・たすき・フラフープ・マット・コーン

**発展ポイント**　友だちと協力しながら、障害物競争を行う

**ここが育つ**
- 筋力 ・協応性 ・バランス ・巧緻性 ・スピード
- 身体認知能力 ・空間認知能力
- 移動系運動スキル ・平衡系運動スキル ・操作系運動スキル

### ルール
1. スタートラインを決める。平均台の前後にマットを敷き、折り返し地点のコーンにフラフープをかけておく。
2. チームにわかれて2人1組になり、最初のペアは、フラフープを1つ持つ。最後のペアは、たすきをかける。
3. 「よーい、ドン！」の合図で、マットまで走る。マットに着いたら前後に並び、前の子はフラフープの中に入り、後ろの子はフラフープを持ちながら平均台を渡る。
4. 平均台を渡り終えたら、フラフープを外して2人で持ち、2人いっしょにコーンまで走る。
5. 持っているフラフープを、コーンにかけてあるフラフープと交換し、今度は役割を交代してスタートラインまでもどり、次のペアにフラフープを渡す。たすきをかけた子がはやくもどったチームの勝ち。

スタート・ゴール

平均台渡り

練習の際、最初から平均台で行うのではなく、線を引いてその上を歩くようにし、危険のない状況で慣れるようにしましょう。

必ず2人いっしょにフラフープを持って走ることを約束して練習しましょう。

折り返し地点

★ 関連あそび：平均台を渡るあそび（P156）

基本 大きな道具を使う競技　発展 親子ダブルハット／親子で忍者修行

## 運動会（移動遊具）発展のあそび
# 親子ダブルハット（親子競技）

人数
親子
8組〜

年齢
3歳〜

使う物
とんがり帽子・
ゴム・コーン・
とび箱など
※図参照

**ねらい**　親子で協力しながら、障害物競争を行う

**ここが育つ**
・柔軟性　・巧緻性　・スピード　・敏捷性
・身体認識力　・空間認知能力
・移動系運動スキル　・平衡系運動スキル

### ルール
1. スタートラインを2本決め、その間にゴムくぐり、コーンよけ、とび箱などの障害物を用意する。
2. 新聞紙でとんがり帽子をつくり、2つの帽子のてっぺん同士を1メートルくらいのひもでつなぐ。
3. 親子でペアになり、各チームは半数にわかれて、それぞれのスタートラインに並ぶ。最後の子は、たすきをかける。
4. 先頭の親子は、とんがり帽子をかぶる。「よーい、ドン！」の合図で、お互い帽子が落ちないように距離を保って、ゴムくぐりを行う。
5. コーンをジグザグに進み、子どもがとび箱に乗ってバランスをとった後に跳び降り、スタートBで次の親子に帽子を渡す。
6. 帽子をかぶった親子はスタートAをめざす。たすきをかけた親子がはやくゴールに到着したチームの勝ち。

スタートA

帽子を子どもたちがつくる、子どもの発達に合わせた課題にする等、工夫してみましょう。

ゴムくぐり

ジグザグランナー

とび箱登り降り

途中で帽子がとれてしまったら、その場でかぶり直して競技を再開します。

**保育者のポイント**
事故防止も兼ねて、難易度の高い課題のそばには、必ず補助者をつけましょう。

スタートB

★ 関連あそび：ジグザグランナー（P98）、とび箱登り降り（P128）、障害物あそび（P218）

運動会（移動遊具）発展のあそび

# 親子で忍者修行（親子競技）

- **人数**：親子8組〜
- **年齢**：4歳〜
- **使う物**：新聞紙・マット・フラフープ・平均台等 ※図参照

**発展ポイント**　親子で協力しながら、いろいろな課題に挑戦する

**ここが育つ**
- 筋力　・瞬発力　・巧緻性　・スピード　・バランス　・協応性
- 身体認識力　・空間認知能力
- 移動系運動スキル　・平衡系運動スキル　・操作系運動スキル

**ルール**
1. 新聞紙を丸めて棒にし、刀に見立てる。刀は、参加人数分用意する。
2. スタートラインとゴールラインを決め、その間に、島渡り（P183）、マット、平均台などの用具や移動遊具を、障害物として用意する。忍者になって修行をがんばると最後に宝物がもらえることを伝える。
3. 親子ペアになり、チームにわかれて1人1本の刀を持って、スタートラインの手前に並ぶ。
4. 「よーい、ドン！」の合図で、各課題に挑戦しながらゴールをめざす。決めポーズでは、お気に入りのポーズをする。平均台は親子で手をつないだまま渡り、ボール投げでは決められた位置からボールをかごに投げ入れる。
5. 最後は、手をつないでゴールする。ゴールしたら宝物（メダル）をもらう。

**保育者のポイント**
忍者の服をつくって取り組むとより盛り上がります。決めポーズの位置で写真を撮ってもよいでしょう。

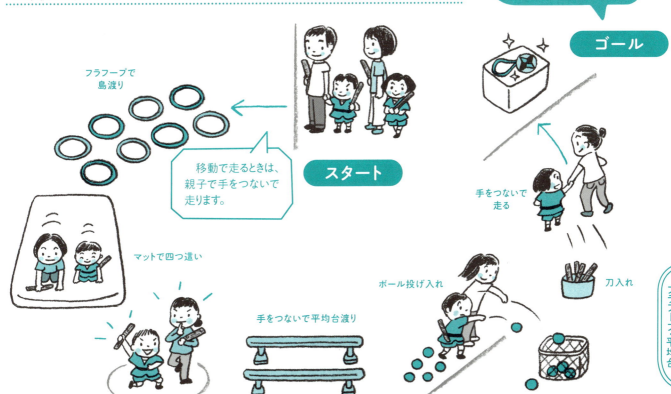

★関連あそび：這う・歩くあそび（P86）、2本渡り（P158）、ぐるぐるをやっつけろ！（P173）、島渡り（P183）

3・4・5歳　季節のあそび　運動会　大きな道具を使う競技

とんがり帽子・コーン・とび箱・新聞紙・マット・フラフープ・平均台

## 季節のあそび　雪あそび

# 基本のあそび
# 雪あそび

 人数 4人～
 年齢 2歳～
 環境 雪

発展　そりあそび ▶ P264 ／ 宝さがし ▶ P264 ／
かまくらづくり ▶ P265 ／ 雪合戦 ▶ P265

**ねらい**　からだ全体で雪の感触を味わいながら遊ぶ

**ここが育つ**
- 筋力　・協応性　・巧緻性
- 身体認識力　・空間認知能力
- 移動系運動スキル　・操作系運動スキル

### 雪あつめ
雪の量が少ない場合は、石の上、花壇の縁の上、葉っぱの上などに積もった雪を少しずつ集めてみる。丸めて玉にして投げたり、ままごとに使ったりと、少量でも工夫して遊ぶことができる。

### 雪あそびのときの服装
雪あそび中に手袋や服、靴が濡れて冷たくなってしまうと、子どもは遊びたがらなくなります。手袋の上から使い捨てのビニール手袋をする、服の上にレインコートを着る、長靴の隙間から雪が入らないようにカバーをつける等すると、たくさん遊べます。特に足が冷えるので、厚手の靴下か、靴下を二重にはくとよいでしょう。

### 雪のスタンプあそび

新雪の上に、手型や足跡をつける。積雪が多ければ、寝転んで人の形をつけてみる。好きな形に踏み固めたり、踏んだ場所を家にして、ままごとをしたりもできる。

### 雪像づくり

雪だるまや動物など、好きなものをつくる。必要に応じて、葉っぱや枝なども装飾に使う。雪だるまは、玉を大きくしすぎると持ち上げられなくなるので、大人が手伝うようにする。

## 自由に形を変えられる雪に子どもたちは夢中

雪のいいところは、ほとんど道具がいらず、形を自由に、簡単に変えられるところ。いっしょにつくったり、軽く投げ合ったりと、友だちとの交流も生まれやすく、あそびが自由に発展します。特に、雪がなかなか降らない地域の子どもたちにとって、雪あそびは特別なもの。チャンスがあれば、その感触を全身で味わい、遊び方もいろいろ工夫できるといいですね。そのためにも、濡れないようにしっかり準備をして、たくさん遊ばせてあげましょう。

3・4・5歳 季節のあそび / 雪あそび / 雪あそび / 使う物なし

基本 雪あそび 発展 そりあそび／宝さがし／かまくらづくり／雪合戦

## 雪あそび 発展のあそび
# そりあそび

| 人数 | 年齢 | 環境 | 使う物 |
|---|---|---|---|
| 1人〜 | 3歳〜 | 雪の斜面 | そり |

**保育者のポイント**
ゴール地点ですべり降りてくる子どもを見守ります。子ども同士がぶつからないように、登る場所とすべる場所をあらかじめわかるようにしましょう。

ダンボールやゴミ袋をそりにすると、スピードが出てスリルが楽しめます。

**発展ポイント** そりで斜面をすべる楽しさを味わう

**ここが育つ**
- バランス ・スピード ・巧緻性
- 身体認識力 ・空間認知能力
- 移動系運動スキル ・操作系運動スキル ・平衡系運動スキル

**ルール**
1. ゴールが広く平らな場所を選び、コースを決める。
2. そりを持って斜面を登る。
3. 人とぶつからないように、距離や間隔をあけてすべる。

## 雪あそび 発展のあそび
# 宝さがし

| 人数 | 年齢 | 環境 | 使う物 |
|---|---|---|---|
| 3人〜 | 3歳〜 | 雪 | なわ・宝(濡れてもいいもの) |

  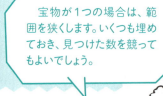

宝物が1つの場合は、範囲を狭くします。いくつも埋めておき、見つけた数を競ってもよいでしょう。

**発展ポイント** 雪の中に宝を埋めたり、探したりする

**ここが育つ**
- 敏捷性 ・協応性
- 空間認知能力
- 移動系運動スキル ・操作系運動スキル

**ルール**
1. 宝探しの範囲を、あらかじめなわで囲ってわかるようにしておく。
2. 濡れてもいいボール、ビー玉、おもちゃ等を、保育者が事前に雪に埋めておく。
3. スタートの合図で子どもが探し、最初に見つけた子が勝ち。
4. 宝物を埋める子どもを募り、あそびを続ける。

## 雪あそび 発展のあそび
# かまくらづくり

| 人数 | 年齢 | 環境 | 使う物 |
|---|---|---|---|
| 5人〜 | 4歳〜 | 雪 | スコップ |

**保育者のポイント**
崩れると危険なので、目を離さないようにし、サポートしながらつくりましょう。

**発展ポイント**　友だちと協力してかまくらをつくる

**ここが育つ**
- 筋力 ・瞬発力 ・持久力 ・協応性 ・巧緻性
- 身体認識力 ・空間認知能力
- 操作系運動スキル

**ルール**
1. 雪を集めて、しっかりと踏み固めながら大きな山をつくる。
2. 横からスコップで屋根が落ちないように掘る。

★ かまくらを掘る子、掘った雪を移動させる子というように、役割を分担し、交代しながらつくる。

---

## 雪あそび 発展のあそび
# 雪合戦

| 人数 | 年齢 | 環境 |
|---|---|---|
| 6人〜 | 4歳〜 | 雪 |

**保育者のポイント**
雪合戦では、友だちの頭を狙って投げないように、事前にルールを伝えます。ラインを引いて、各チームの陣地を決めてもよいでしょう。

**アレンジあそび**
**雪玉あて**
標的（空き缶、雪だるま等）をつくり、そこに向かって雪玉を投げ、あてた子が勝ち。

**発展ポイント**　チームにわかれて雪合戦を楽しむ

**ここが育つ**
- 筋力 ・瞬発力 ・協応性 ・敏捷性 ・巧緻性
- 身体認識力 ・空間認知能力
- 移動系運動スキル ・操作系運動スキル

**ルール**
1. 2チームにわかれる。
2. スタートの合図で雪玉をつくり、相手チームの子に雪玉を投げてあてる。
3. 雪玉にあたったら、ゲームから抜ける。時間内に残った人数が多いチームの勝ち。

# 子どもの成長・発達診断

現在の子どもの生活状況が健康的であるか、また、運動あそびが足りているかを把握してみましょう。問いに答えて、このチャートに書き込むと、今の生活でよい部分、これからチャレンジしたい部分が一目でわかります。また、定期的にチェックすることで、その変化も捉えやすくなります。園と家庭が協力して記録することで、より精度の高い診断結果となりますので、生活と運動あそびの大切さを保護者に伝えるきっかけとしても、ぜひ活用してみてください。

## 診断方法

1. 次のページの❶～❻の項目について、「はい」「いいえ」で答えます。
2. 「はい」1個につき1点と数え（5点満点）、合計の点数を下記のチャートに記入します。
3. 記入した❶～❻の点を結びます。
4. 結んでできた形の面積が大きいほど、子どもの身体状態や生活環境、運動環境、発達状態がよいことを表します。
また、正六角形に近いほどバランスがよく、いびつになるほど得手・不得手、よい・悪いが著しいことを示します。
なるべく面積が大きく、正六角形に近づくように、生活・運動内容を見直しましょう。

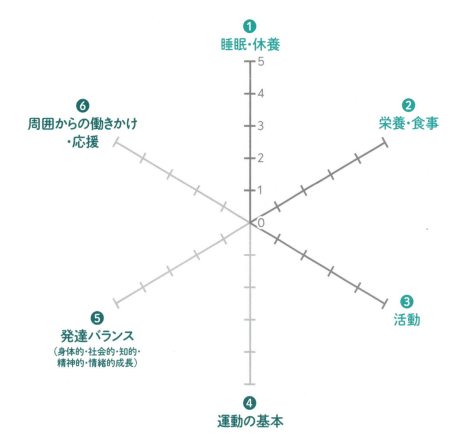

❶～❸ 生活面
❹～❻ 運動面

5点　とてもよいです
4点　よいです
3点　できることを1つでも増やしていくように挑戦しましょう
2点　もう少しがんばりましょう
1点　がんばりましょう

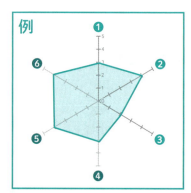

例

## 生活面

### ① 睡眠・休養

朝、起きたときに前日の疲れを残さず、すっきり起きられているかがポイントです。

- ☐ 夜9時までには、寝るようにしていますか？
- ☐ 毎日、夜は10時間以上寝ていますか？
- ☐ 朝は、7時までには起きていますか？
- ☐ 朝、起きたときに太陽の光をあびていますか？
- ☐ 朝、起きたときの調子は元気ですか？

計 _____ 点

### ② 栄養・食事

食事は、健康で丈夫なからだづくりに欠かせないものです。家族や友だちとの団らんは、心の栄養補給にもなります。

- ☐ 朝ごはんは、毎日食べていますか？
- ☐ 朝、うんちをしていますか？
- ☐ ごはんを楽しく食べていますか？
- ☐ おやつを食べてから夕ごはんまでの間は、2時間程度あいていますか？
- ☐ 夜食は食べないようにしていますか？

計 _____ 点

### ③ 活動

睡眠、食事以外の主な活動です。お手伝いやテレビの時間といった小さなことでも積み重ねていくと、その影響は大きいものです。

- ☐ 歩いて通園ができていますか？
- ☐ 外に出て、汗をかいて遊んでいますか？
- ☐ からだを動かすお手伝いができていますか？
- ☐ テレビを見たり、ゲームをしたりする時間は、合わせて1時間までにしていますか？
- ☐ 夜は、お風呂に入ってゆったりできていますか？

計 _____ 点

## 運動面

### ④ 運動の基本

現状のあそびの量や運動能力面について、できているかどうかをチェックしてみましょう。

- ☐ 午前中に外あそびをしていますか？
- ☐ 15〜17時くらいの時間帯に、外でしっかり遊んでいますか？
- ☐ 走ったり、跳んだり、ボールを投げたりをバランスよくしていますか？
- ☐ 鉄棒やうんていにぶら下がったり、台の上でバランスをとったりしていますか？
- ☐ 園庭や公園の固定遊具で、楽しく遊べていますか？

計 _____ 点

### ⑤ 発達バランス
（身体的・社会的・知的・精神的・情緒的成長）

自分の身を守れる体力があるか、人と仲良くできるか、最後までがんばれるか、といった能力を身につけているか、チェックしましょう。

- ☐ 転んだときに、あごを引き、手をついて身をかばうことができますか？（身体的成長・安全能力）
- ☐ 友だちと関わりながら、仲良く遊ぶことができていますか？（社会的成長）
- ☐ あそび方を工夫して、楽しく遊んでいますか？（知的成長）
- ☐ 遊んだ後の片づけは、最後までできますか？（精神的成長）
- ☐ 友だちとトラブルになっても、感情のコントロールができますか？（情緒的成長）

計 _____ 点

### ⑥ 周囲からの働きかけ・応援

幼児期の生活は、周囲の大人の働きかけ次第で大きく変化します。保育者・保護者ともに関わり方を見つめましょう。

- ☐ 子どもといっしょに運動して、汗をかく機会をつくっていますか？
- ☐ 外（園庭や公園など）で遊ぶ機会を大切にしていますか？
- ☐ 車やベビーカーで移動するよりも、子どもと歩いて移動することを心がけていますか？
- ☐ 音楽に合わせての踊りや体操、手あそびを行っていますか？
- ☐ 1日に30分以上、運動させるようにしていますか？

計 _____ 点

# 道具別索引

## 使う物なし

### 0・1・2歳
|  |  |
|---|---|
| ゆらゆら抱っこ | 26 |
| ブランコごっこ | 26 |
| たかいたかーい | 27 |
| もっと！たかい、たかーい | 27 |
| スーパーマン | 27 |
| 寝返りくるりん | 28 |
| 寝返り | 29 |
| 引っ張りあそび | 29 |
| 足支え起き上がり | 30 |
| 手つかみおすわり | 30 |
| 飛行機ブーン | 31 |
| 両足キック | 31 |
| 腕つっぱり | 32 |
| 手押し車 | 33 |
| 腕立て歩き | 33 |
| 下からバァ！ | 35 |
| バランス飛行機 | 36 |
| 空中バランス | 37 |
| 飛行機 | 37 |
| バランスくずし | 39 |
| 片手バランスくずし | 39 |
| 片足立ち | 39 |
| ハイハイレース | 40 |
| むかで歩き | 41 |
| むかで歩き競争 | 41 |
| トンネルくぐり | 42 |
| 両足くぐり | 43 |
| くぐってジャンプ | 43 |
| 支えて立っち | 45 |
| しゃがんで立っち | 45 |
| かけ声立っち | 45 |
| ぐらぐらバランス | 46 |
| 立って座って | 46 |
| ひざのり | 47 |
| 座ってひざのり | 47 |
| ひざのり行進 | 47 |
| ここまでおいで | 48 |
| レッツダンス | 49 |
| 歩いてぴょーん | 49 |
| 汽車ぽっぽ | 50 |
| お空へビューン | 52 |
| 宙ぶらりん | 53 |
| メリーゴーラウンド | 53 |
| ぶら下がりブランコ | 55 |
| ロボット | 55 |
| ぶら下がりエレベーター | 56 |
| 首ぶら下がり | 56 |
| 地球まわり | 57 |
| おサルさん抱っこ | 57 |
| おサルさん抱っこ行進 | 57 |
| 逆立ちぶら下がり | 58 |
| 逆さまメリーゴーラウンド | 59 |
| 逆さロボット | 59 |
| ピョンピョンあそび | 60 |
| その場でケンケンパ | 60 |
| 支えて足とび | 61 |
| 足とび | 61 |
| 足とびまわり | 62 |
| 馬とび | 62 |
| グー・パーとび | 63 |
| ペンギン歩き | 65 |
| ロボット歩き | 65 |
| 転がれ！ダンゴムシ | 67 |
| でんぐり返し | 68 |
| 腕立てでんぐり返し | 68 |
| ひざの上で前まわり | 69 |
| ひざ上でゴロゴロ | 69 |
| からだで逆あがり | 69 |
| 力だめし | 70 |
| 丸太転がし | 71 |
| パチパチ・トントンあそび | 72 |
| おしりたたきゲーム | 73 |
| ジャンケン足踏み | 74 |
| 顔ジャンケン足踏み | 74 |
| しゃがみずもう | 75 |
| 立ってバランスくずし | 75 |

### 3・4・5歳
|  |  |
|---|---|
| イヌ歩き | 86 |
| ゾウ歩き | 86 |
| クマ歩き | 86、122、219 |
| カニ歩き | 87 |
| 忍者歩き | 87 |
| 手つなぎ歩き | 87 |
| リズム歩き | 87 |
| ロケットジャンプ | 90 |
| その場でジャンプ | 90 |
| 両足踏み切りジャンプ | 91 |
| 片足ジャンプ | 91 |
| 向き変えジャンプ | 91 |
| スキップ | 91、222 |
| 足打ちジャンプ | 91 |
| 忍者のとびおき | 91 |
| 空中ジャンケン | 92 |
| 前とび競争 | 93 |
| 後ろとび競争 | 93 |
| 回転ジャンプ | 93 |
| 3人ジャンプ | 93 |
| ケンケン競争 | 95 |
| 波おに | 100 |
| 影踏みおに | 102 |
| 色おに | 102 |
| ヒヨコとネコ | 103 |
| ためおに | 104 |
| チームためおに | 105 |
| 魚とり | 105 |
| 手つなぎおに | 106 |
| 分裂手つなぎおに | 106 |
| ひっぱりおに | 107 |
| こおりおに | 108 |
| バナナおに | 109 |
| 地蔵おに | 109 |
| 電子レンジおに | 109 |
| だるまさんがころんだ | 110 |
| ケイドロ | 111 |
| 片足ポーズ | 146 |
| フラミンゴ競争 | 146 |
| 2人でポーズ | 146 |
| 片手バランス | 147 |
| V字バランス | 147 |
| 2人で背中合わせ立ち | 147 |
| けんけんずもう | 147 |
| フットホーン（足電話） | 149 |
| 足長電話 | 149 |
| かかしおに | 150 |
| かかし助けおに | 150 |
| 足ひっぱりコーナー | 210 |
| ゴールにダッシュ | 222 |
| 足ながチャンピオン | 247 |
| 手つなぎチャンピオン | 247 |
| 親子でおいでおいで | 248 |

## ひも・なわ・ゴム

### 0・1・2歳
|  |  |
|---|---|
| ゴー&ストップ | 51 |

### 3・4・5歳
|  |  |
|---|---|
| ゴムひもくぐり | 89 |
| ウサギとオオカミ | 94 |
| 地面に置いたなわを跳ぶ | 112 |
| 2本とび | 112 |
| 片手でなわをまわす | 113 |
| 横まわしジャンプ | 113 |
| なわまたぎ | 114 |
| 前とび | 114、222 |
| 2人とび | 114 |
| 後ろとび | 115 |
| 前交差とび | 115 |
| あやとび | 115 |
| ヘビさんジャンプ | 116 |
| 横波 | 116 |
| 縦波 | 116 |
| タコの足切り | 117 |
| 大波小波 | 118 |
| お嬢さんお入りなさい | 118 |
| 大なわくぐり | 119 |
| 大なわとび | 119 |
| なわ渡り | 156、218 |
| よく寝、よく食べ、よく遊ぼう！ | 258 |
| 親子ダブルハット | 260 |

## 風船・ボール

### 0・1・2歳
|  |  |
|---|---|
| 風船運び | 76 |
| 風船転がし | 77 |
| 風船かご入れ | 77 |
| ジャンプ&タッチ | 78 |
| 座って風船キャッチ | 78 |
| 風船つき | 79 |
| 風船浮かし | 79 |

### 3・4・5歳
|  |  |
|---|---|
| 動物になってボール運び | 89 |
| 平均台キャッチボール | 154 |
| セルフキャッチボール | 154 |
| ボールにタッチ | 154 |
| ラッコ | 162 |
| ボール持ち競争 | 162 |
| クレーン | 163 |
| 足だけボール渡し | 163 |
| 横並び足ボール送り | 163 |
| いろいろボール送り | 163 |
| カンガルージャンプ | 164 |

| | | |
|---|---|---|
| ボールの赤ちゃん ……………………… 164 | 陣取りジャンケン ……………………… 159 | ジャンプで出入り ……………………… 179 |
| 走ってとって …………………………… 165 | 両手バランスくずし …………………… 159 | 転がしパス ……………………………… 179 |
| ボールとり競争 ………………………… 165 | おしりバランスくずし ………………… 159 | フラフープブーメラン ………………… 179 |
| ボール転がし …………………………… 166 | 平均台よじ登りすべりおり …………… 160 | フープとび ………………………… 180、220 |
| ボールパス ……………………………… 167 | 平均台渡りコーナー …………………… 210 | フープでウェーブ ……………………… 180 |
| 2人で転がしパス ……………………… 167 | 平均台上ボール運び …………………… 214 | フープゴマ ……………………………… 180 |
| ナイスキャッチ！ ……………………… 168 | フープトンネル ………………………… 217 | フープと競争 …………………………… 181 |
| ゴールにシュート！ ……………… 168、223 | 平均台障害物渡り ……………………… 218 | フープキャッチチャレンジ …………… 181 |
| サッカー ………………………………… 168 | ふたりはなかよし ……………………… 259 | まてまてトンネル ……………………… 181 |
| ドアを開けて！ ………………………… 169 | 親子で忍者修行 ………………………… 261 | フープ通し競走 ………………………… 182 |
| ドア開け競争 …………………………… 169 | **とび箱・台** | ケンパーとび渡り ………………… 182、221 |
| 投げ上げキャッチ ……………………… 170 | **0・1・2歳** | 折り返しとび渡り競走 ………………… 182 |
| まわってキャッチ ……………………… 170 | ハイハイ山のぼり ……………………… 41 | 島渡り ……………………………… 183、218 |
| バウンドキャッチ ……………………… 170 | **3・4・5歳** | ドボン島渡り …………………………… 183 |
| 背面投げ ………………………………… 171 | とび箱登り降り ………………………… 128 | フープトンネル ………………………… 217 |
| ワンバウンド …………………………… 171 | とび箱ジャンプ ……………………… 129、219 | たおして、おこして、おんぶして …… 256 |
| 股下投げ ………………………………… 171 | とび箱またぎ越し ……………………… 130 | ふたりはなかよし ……………………… 259 |
| ロケット発射 …………………………… 172 | 足かけとび箱まわり …………………… 130 | 親子で忍者修行 ………………………… 261 |
| 立って立ってキャッチ ………………… 172 | またぎ乗り ……………………………… 131 | **鉄棒** |
| ぐるぐるをやっつけろ！ ……………… 173 | ひざ乗り ………………………………… 131 | ぶら下がりダンス ……………………… 194 |
| みんなであそぼう ……………………… 173 | 足乗り …………………………………… 131 | 足だけブランブラン …………………… 194 |
| 転がるボールよけ ……………………… 174 | 開脚とび ………………………………… 133 | ナマケモノごっこ ……………………… 195 |
| みんなでボールよけ …………………… 174 | 平均台よじ登りすべりおり …………… 160 | スズメさんひとやすみ ………………… 195 |
| 三角コートでボールよけ ……………… 175 | 坂はしご渡り …………………………… 215 | チュチュンがピョン！ ………………… 195 |
| コロコロボールから逃げろ（円形中あて） …… 176 | マット山のぼり ……………………… 216、220 | 腕立て移動 ……………………………… 195 |
| 四角ドッジボール（四角中あて） …… 176 | はしご渡り ……………………………… 216 | 前まわり ………………………………… 196 |
| ドッジボール（角ドッジ） …………… 177 | はしごでぶら下がり …………………… 221 | ふとん干し ………………………… 198、223 |
| 王様ドッジボール ……………………… 177 | よく寝、よく食べ、よく遊ぼう！ …… 258 | ふとん干しジャンケン ………………… 198 |
| エプロンキャッチ ……………………… 186 | 親子ダブルハット ……………………… 260 | 鉄棒ウェーブ …………………………… 198 |
| エプロンとばし ………………………… 186 | **マット** | 足抜きまわり …………………………… 199 |
| ペットボトルボウリング ………… 188、211 | **0・1・2歳** | 後ろ足抜きまわり ……………………… 199 |
| 缶落とし ………………………………… 188 | ハイハイ山のぼり ……………………… 41 | 鉄棒地球まわり ………………………… 199 |
| カップでキャッチ ……………………… 189 | やきいもゴロゴロ ……………………… 66 | 逆あがり ………………………………… 200 |
| お手玉入れ ……………………………… 189 | ローラー競争 …………………………… 67 | 鉄棒着地ゲーム ………………………… 215 |
| お手玉のせ競争 ………………………… 189 | **3・4・5歳** | 坂はしご渡り …………………………… 215 |
| 新聞紙で風船運び ……………………… 190 | 横まわり ……………………………… 120、218 | 鉄棒クレーン …………………………… 217 |
| 2人で風船運び ………………………… 190 | ひざかかえ横まわり ………………… 120、220 | 鉄棒ボールあそび ……………………… 217 |
| 平均台上ボール運び …………………… 214 | 転がしごっこ …………………………… 121 | **棒** |
| 坂はしご渡り …………………………… 215 | 手つなぎまわり ………………………… 121 | **0・1・2歳** |
| 鉄棒クレーン …………………………… 217 | 前転 …………………………………… 122、220 | ボートあそび …………………………… 35 |
| 鉄棒ボールあそび ……………………… 217 | 後転 ……………………………………… 124 | 棒ぶら下がり …………………………… 54 |
| 玉入れ …………………………………… 221 | 側転 ……………………………………… 126 | ボートこぎ ……………………………… 71 |
| 大きなたまご …………………………… 251 | 川とび …………………………………… 126 | 風船転がし ……………………………… 77 |
| おにごっこ玉入れ ……………………… 251 | 壁倒立 …………………………………… 126 | **3・4・5歳** |
| タオルでキャッチ ……………………… 252 | カエル跳び越し ………………………… 132 | ゴーゴーハリケーン …………………… 250 |
| よく寝、よく食べ、よく遊ぼう！ …… 258 | 平均台よじ登りすべりおり …………… 160 | **イス・コーン・旗** |
| 親子で忍者修行 ………………………… 261 | フープ通し競走 ………………………… 182 | **0・1・2歳** |
| **平均台** | ケンパーとび渡り ……………………… 182 | おすわりシーソー ……………………… 34 |
| 平均台ハードルランナー ……………… 99 | 島渡り …………………………………… 183 | ひざ立っち ……………………………… 44 |
| 立って座る ……………………………… 152 | 坂はしご渡り …………………………… 215 | **3・4・5歳** |
| 足ぶみ …………………………………… 152 | マット山のぼり ……………………… 216、220 | 手つなぎランナー ……………………… 96 |
| ポーズをとる …………………………… 153 | はしご渡り ……………………………… 216 | 電車ランナー …………………………… 97 |
| その場でまわる ………………………… 153 | マットくぐり …………………………… 218 | ジグザグランナー …………………… 98、219 |
| 平均台でだるまさんがころんだ ……… 153 | スーパーマン …………………………… 249 | リレー …………………………………… 99 |
| 平均台キャッチボール ………………… 154 | よく寝、よく食べ、よく遊ぼう！ …… 258 | 新聞輪投げコーナー …………………… 212 |
| セルフキャッチボール ………………… 154 | ふたりはなかよし ……………………… 259 | ゴーゴーハリケーン …………………… 250 |
| ボールにタッチ ………………………… 154 | 親子で忍者修行 ………………………… 261 | たおして、おこして、おんぶして …… 256 |
| 平均台登り降り ………………………… 155 | **フラフープ** | ふたりはなかよし ……………………… 259 |
| ロデオジャンプ ………………………… 155 | ウサギとオオカミ ……………………… 94 | 親子ダブルハット ……………………… 260 |
| 横歩き …………………………………… 156 | バランスけんけん ……………………… 149 | **ふとん・座ぶとん・タオル・ハンカチ** |
| 前歩き ……………………………… 157、218、221 | 忍者競走 ………………………………… 149 | **0・1・2歳** |
| 後ろ歩き ………………………………… 157 | フラフープまわし …………………… 178、220 | 座ぶとん引っ張りあそび ……………… 29 |
| 這って渡る ……………………………… 157 | フラフープ転がし ……………………… 178 | タオルでビュー ………………………… 38 |
| 四つ這い渡り …………………………… 158 | のりものごっこ ………………………… 179 | |
| 1人渡り ………………………………… 158 | | |
| 手つなぎ渡り …………………………… 158 | | |

| | | |
|---|---|---|
| でこぼこ歩き……………………50 | 手あそびすべり………………135 | 広場あそび……………………231 |
| バランス歩き…………………64 | 足あげすべり…………………135 | 公園遊具あそび………………231 |
| しっぽとり……………………73 | あお向けすべり………………136 | 芝すべり………………………232 |
| **3・4・5歳** | うつ伏せすべり………………136 | 木のぼり………………………232 |
| ハンカチ落とし………………103 | 四つ這い逆のぼり……137、213 | 山のぼり………………………233 |
| ふくろう部隊…………………105 | 立ち逆のぼり…………137、213 | ●水あそび |
| タオルひき……………………190 | **ジャングルジム** | 水たたき………………………234 |
| バランスタオルひき…………190 | 登り降り………………………138 | 水きり…………………………234 |
| しっぽとりゲーム……………191 | つたい歩き……………………138 | 水パンチ………………………234 |
| タオルでキャッチ……………252 | くぐり抜け……………………139 | 水すくい………………………234 |
| **新聞紙** | ぶら下がり……………………139 | 水受け…………………………235 |
| **0・1・2歳** | 電車が通ります！……………140 | 水打ち…………………………235 |
| 新聞ハードルとび……………63 | めざせ！スパイダーマン……140 | イヌ歩き………………………236 |
| 新聞とんでくぐって…………63 | 立体迷路………………………141 | カニ歩き………………………236 |
| **3・4・5歳** | おうちごっこ…………………141 | ウサギとび……………………236 |
| そろそろ歩き…………………88 | 登山をしよう！………………142 | カエルとび……………………236 |
| アメンボウ歩き………………88 | だるまさんがころんだ（ジャングルジム）…142 | バケツ水入れ競争……………237 |
| 新聞紙くぐり…………………88 | おにごっこ……………………143 | 頭上バケツ水入れ競争………237 |
| 新聞紙またぎ…………………88 | 高おに…………………………143 | ジャンケン汽車………………237 |
| 新聞ジャンプ…………………94 | **その他の遊具**（たいこ橋・のぼり棒・クライミング・うんてい・はしご・タイヤ等） | 水のかけ合い…………………238 |
| 新聞島渡り……………………95 | ●たいこ橋 | 水中トンネルくぐり…………238 |
| 新聞ランナー…………98、220 | 橋渡り…………………………151 | 水中おじぎ……………………239 |
| 新聞紙のりジャンケン………148 | 逆さ橋…………………………151 | 水中行進………………………239 |
| 2人組ジャンケン……………148 | ●のぼり棒 | 水中石ひろい…………………240 |
| 新聞キャッチボール…………185 | おサルさん木のぼり…………202 | 2人組で石ひろい……………240 |
| 新聞紙つまみ…………………186 | 落ちたら負けよ！……………202 | 石ひろい競争…………………240 |
| 新聞バランス…………………187 | 2本でゴリラ…………………203 | 水中宝さがしゲーム…………240 |
| バランスキャッチ……………187 | 横渡り…………………………203 | 水中ジャンケン………………241 |
| 魔法のじゅうたん……………187 | テープタッチリレー…………203 | 水中にらめっこ………………241 |
| 新聞紙で風船運び……………190 | ●クライミング | 水中手つなぎジャンプ………241 |
| 2人で風船運び………………190 | おしりでアップ………………204 | 浮き島…………………………242 |
| 新聞輪投げコーナー…………212 | 手がかりを使ってクライミング…204 | 伏し浮き………………………242 |
| 大きなたまご…………………251 | 目標にトライ…………………205 | 壁つかみ浮き…………………242 |
| 親子ダブルハット……………260 | 決まった色でクライミング…205 | くらげ浮き……………………243 |
| 親子で忍者修行………………261 | ●うんてい | 丸太浮き………………………243 |
| **廃材・その他**（空き缶・レジ袋・ペットボトル・紙コップ・ダンボール・牛乳パック等） | ブランブラン…………………206 | 大の字浮き……………………243 |
| 缶けり…………………………110 | ブラブラダンス………………206 | 引き舟…………………………243 |
| 缶のりバランス………………148 | うんてい渡り…………………207 | 座ってバタ足…………………244 |
| 缶のりずもう…………………148 | 歌に合わせてうんてい渡り…207 | 壁つかみバタ足………………244 |
| レジ袋バレー…………………184 | 横渡り…………………………207 | ビート板キック………………245 |
| エプロンキャッチ……………186 | 1本とばし……………………208 | みんなでバタ足………………245 |
| エプロンとばし………………186 | 空中足ジャンケン……208、213 | ●雪あそび |
| ペットボトルボウリング…188、211 | 空中にらめっこ………………208 | 雪あつめ………………………262 |
| 缶落とし………………………188 | ●その他の遊具など | 雪のスタンプあそび…………263 |
| 割りばし落とし………………188 | 坂はしご渡り…………………215 | 雪像づくり……………………263 |
| カップでキャッチ……………189 | はしご渡り……………………216 | そりあそび……………………264 |
| お手玉入れ……………………189 | はしごでぶら下がり…………221 | 宝さがし………………………264 |
| お手玉のせ競争………………189 | タイヤの上で片足ポーズ……222 | かまくらづくり………………265 |
| トンネルコーナー……………211 | 総合遊具………………………223 | 雪合戦…………………………265 |
| 缶ポックリコーナー…………212 | おみくじサーキット…………223 | 雪玉あて………………………265 |
| 牛乳パック渡り………………218 | 助け合いサーキット…………223 | |
| 芝すべり………………………232 | 公園遊具あそび………………231 | |
| 生きものレース………………246 | **砂場・公園・水あそび・雪あそび** | |
| 迷子さがし……………………249 | ●砂場 | |
| お父さん、お母さん大丈夫?…253 | 穴掘り…………………………226 | |
| 多いのはどっち?……………254 | 水流し…………………………227 | |
| キャタピラーリレー…………255 | 山づくり………………………227 | |
| 楽しいお買いもの……………255 | レストランごっこ……………228 | |
| たおして、おこして、おんぶして…256 | だんごづくり…………………228 | |
| お助けマン……………………257 | トンネル開通…………………229 | |
| うちの子どこだ?……………257 | 川と海の町づくり……………229 | |
| **すべり台** | ●公園・山のぼり | |
| 足のばしすべり………134、223 | 自然あそび……………………230 | |

# 親子ふれあい体操ポスター

運動を子どもたちの生活にしっかり浸透させるためには、園と家庭の両方で、からだを動かす習慣づくりが必要不可欠です。ここで紹介する親子ふれあい体操は、0・1・2歳のあそび（P25～）にもあるように、特別な道具の必要がなく、ちょっとしたスペースや空時間で、できるものを集めています。こうした日々のスキンシップが親子のきずなを深め、心とからだの健康づくりに役立ちます。

### ダウンロード方法

① http://www.shin-sei.co.jp/undoposter/ にアクセス

② QRコードでアクセス

※このポスターに関するお問い合わせは、前橋 明先生までお願いいたします。

> この親子ふれあい体操ポスターは、私が制作し、普段から使用しているものです。様々なところで、ご活用いただければ幸いです。
> 
> 前橋 明

### 前橋 明

早稲田大学人間科学学術院教授、医学博士。

国際幼児体育学会会長。日本レジャー・レクリエーション学会前会長。日本食育学術会議会頭。インターナショナルすこやかキッズ支援ネットワーク代表。

米国ミズーリ大学大学院で修士（教育学）、岡山大学医学部で博士（医学）。倉敷市立短期大学教授、米国ミズーリ大学客員研究員、米国バーモント大学客員教授、米国ノーウィッジ大学客員教授、米国セントマイケル大学客員教授、台湾：国立体育大学客員教授を経て、現職。

子どもの健康福祉学の専門家であり、第一人者。大学で教鞭をとるかたわら、日本およびアジア各国で、講演や運動指導を通して幼児の健康づくりを支援する活動を展開。

山梨 みほ（昭和女子大学 准教授）
齋藤 君世（学校法人高根沢育英会 高根沢第二幼稚園 園長）
小石 浩一（早稲田大学大学院 前橋明研究室）

イラスト　竜田麻衣、Chao、おおたきょうこ、みやれいこ
本文デザイン　chocolate.
校正　夢の本棚社
執筆協力　池田恵子
編集・制作　株式会社童夢

---

近年、子どもたちが外に出て全身をいっぱい使って遊ぶことが少なくなり、テレビやビデオ、ゲーム、スマホ等、室内での静的なあそびが激増しています。また、日本では、夜型の社会になって久しく、それに伴って子どもも寝るのが遅くなりました。睡眠時間の短い子どもたちは、体調不良や精神不安定を引き起こし、ひいては、学力低下、体力低下と、どんどん負の連鎖を生じていきます。

私は、長年、幼児の生活と体力・運動能力を調査・研究する中で、この事態を改善するために一番効果的なのが、日中に汗をかくくらいからだを動かし、運動することであると実感しています。そのためには、本書で示す、乳幼児期からできうる動きや運動に親しんでおいてもらいたい。これが子どもの健康とからだづくりの上で、保育者の方々や親御さんたちに心がけていただきたいポイントなのです。

最後になりましたが、本書作成の労をとってくださいました株式会社童夢の宗像真理子様、コピーライターの池田恵子様、そして、新星出版社の西方舞様に、心よりお礼を申し上げ、筆をおきたいと思います。ありがとうございました。

前橋　明

---

本書の内容に関するお問い合わせは、書名、発行年月日、該当ページを明記の上、書面、FAX、お問い合わせフォームにて、当社編集部宛にお送りください。電話によるお問い合わせはお受けしておりません。また、本書の範囲を超えるご質問等にもお答えできませんので、あらかじめご了承ください。

FAX：03-3831-0902

お問い合わせフォーム：http://www.shin-sei.co.jp/np/contact.html

落丁・乱丁のあった場合は、送料当社負担でお取替えいたします。当社営業部宛にお送りください。
本書の複写、複製を希望される場合は、そのつど事前に、出版者著作権管理機構（電話：03-5244-5088、FAX：03-5244-5089、e-mail：info@jcopy.or.jp）の許諾を得てください。

JCOPY ＜出版者著作権管理機構　委託出版物＞

---

決定版！保育の運動あそび450

監修者　前橋　明
発行者　富永　靖弘
印刷所　公和印刷株式会社

発行所　東京都台東区台東2丁目24　株式会社新星出版社
〒110-0016　☎03(3831)0743

© SHINSEI Publishing Co., Ltd.　　Printed in Japan

ISBN978-4-405-07242-8